MIX
Papier aus verantwortungsvollen Quellen
Paper from responsible sources
FSC® C105338

Longfang Li

Kant und die Objektivität der Erkenntnis bei Hegel

Diplomica Verlag

Li, Longfang: Kant und die Objektivität der Erkenntnis bei Hegel, Hamburg, Diplomica Verlag 2022

Buch-ISBN: 978-3-96146-900-0
PDF-eBook-ISBN: 978-3-96146-400-5
Druck/Herstellung: Diplomica Verlag, Hamburg, 2022

Bibliografische Information der Deutschen Nationalbibliothek:
Die Deutsche Nationalbibliothek verzeichnet diese Publikation in der Deutschen Nationalbibliografie; detaillierte bibliografische Daten sind im Internet über http://dnb.d-nb.de abrufbar.

Das Werk einschließlich aller seiner Teile ist urheberrechtlich geschützt. Jede Verwertung außerhalb der Grenzen des Urheberrechtsgesetzes ist ohne Zustimmung des Verlages unzulässig und strafbar. Dies gilt insbesondere für Vervielfältigungen, Übersetzungen, Mikroverfilmungen und die Einspeicherung und Bearbeitung in elektronischen Systemen.

Die Wiedergabe von Gebrauchsnamen, Handelsnamen, Warenbezeichnungen usw. in diesem Werk berechtigt auch ohne besondere Kennzeichnung nicht zu der Annahme, dass solche Namen im Sinne der Warenzeichen- und Markenschutz-Gesetzgebung als frei zu betrachten wären und daher von jedermann benutzt werden dürften.

Die Informationen in diesem Werk wurden mit Sorgfalt erarbeitet. Dennoch können Fehler nicht vollständig ausgeschlossen werden und die Bedey & Thoms Media GmbH, die Autoren oder Übersetzer übernehmen keine juristische Verantwortung oder irgendeine Haftung für evtl. verbliebene fehlerhafte Angaben und deren Folgen.

Alle Rechte vorbehalten

© Diplomica Verlag, Imprint der Bedey & Thoms Media GmbH
Hermannstal 119k, 22119 Hamburg
http://www.diplomica-verlag.de, Hamburg 2022
Printed in Germany

Inhaltsverzeichnis:

Formulierungsregeln, Zitierweise und Abkürzungen	7
Formulierungsregeln bzw. Zitierweise	7
Wichtige Abkürzungen der Werke	7
0. Einleitung	9
1. Die Kantsche Philosophie und ihr Problem der Dichotomie	11
1.1 Kants Erfahrungsproblem im Hintergrund des Humeschen Skeptizismus	11
1.1.1 Der Humesche Skeptizismus	11
1.1.2 Transzendentalphilosophie als Programm gegen Humeschen Skeptizismus	12
1.1.3 Synthetische Urteile a priori und die objektive Gültigkeit der Erfahrungsurteile	15
1.2 Kants Erfahrungsproblem als Problem der Dichotomie	18
1.2.1 Die Problematik der Kantschen transzendentalen Deduktion	18
1.2.1.1 Die Apriorität und die objektive Gültigkeit	18
1.2.1.2 Verfehlte Aufgabe der transzendentalen Deduktion	21
1.2.2 Das Wahrheitsproblem und die Dichotomie	25
1.2.2.1 Die Wahrheit der Erfahrungserkenntnis	25
1.2.2.2 Die problematische Realität der Erfahrungserkenntnis	27
1.2.3 Die unbefugte Annahme der Dichotomie	29
1.2.4 Raum und Zeit unter der Dichotomie	32
1.2.5 Das Verständnisproblem der Synthesis der A-Deduktion unter der Dichotomie	34
1.3 Die Berichtigung der Kantschen Transzendentalphilosophie durch die Überwindung der Dichotomie	37
1.3.1 Der Verstand als immanentes Moment der Anschauung	37
1.3.2 Das Denken ohne die Dichotomie	42
2. Der Hegelsche Begriff im Kontext des Erfahrungsproblems	45
2.1 „Allgemeines ist Besonderes" oder Begriff als Urteil	45
2.2 Die vermittelte Einheit von Allgemeinheit und Besonderheit oder der Weg vom Urteil zum Schluss	47
2.3 Die ontologische Notwendigkeit des Schlusses	53
2.4 Der einzelne Begriff und das Absolute	56
3. Eine Kritik Hegelscher Art an Kants Lehre der Logik	60

3.1	Das Urteil als wahrheitsgemäßer Begriff	60
3.1.1	Die EINE unbestimmte synthetische Vorstellung des Gegenstands bei Kant	60
3.1.2	Die wahrheitsungemäße Bestimmung der Gegenstandsvorstellung bei Kant	63
3.1.3	Ein vom Hegelschen Begriff ausgehendes Lösungskonzept	64
3.2	Der Schluss als notwendiges Urteil	67
3.2.1	Die Untrennbarkeit des Erfahrungsurteils und des Wahrnehmungsurteils	69
3.2.2	Die subjektive Gültigkeit und die Objektivierung des Wahrnehmungsurteils	74
3.2.3	Die Subjektivität des Erfahrungsurteils	77
3.2.4	Der Terminus „Wahrnehmungsurteil" impliziert eine nicht-dichotomische Position	79
4.	**Kants Bewusstseinstheorie und Hegels Kritik daran**	**81**
4.1	Die ursprüngliche Apperzeption	81
4.2	Die synthetische Einheit des Mannigfaltigen	83
4.3	Die Rekonstruktion der Argumentationen der transzendentalen Deduktion	85
4.4	Das Dichotomie-Problem im Kontext der Bewusstseinstheorie Kants	90
4.5	Kant unmittelbar mit Hegel konfrontiert	94
4.5.1	Die Abschaffung der Dichotomie	94
4.5.2	Das wahrhafteVernünftige bei Hegel	98
5.	**Zusammenfassung**	**102**
5.1	Kants Dichotomie-Problem	102
5.2	Der Hegelsche Begriff als Lösung zum Kantschen Erfahrungsproblem	104
Benutzte Literaturen (Literaturen außerhalb der Werke Kants und Hegels):		**109**

Formulierungsregeln, Zitierweise und Abkürzungen

Formulierungsregeln bzw. Zitierweise:

In dieser Abhandlung werden die Seitenzahle ggf. die Paragraphenzahle der Zitate aus Kants und Hegels Werken unmittelbar neben den Sigeln der jeweiligen Werke in Klammern angegeben. Die notwendigen Informationsangaben zu den Zitierungen anderer Autoren bzw. zu den Verweisen auf andere Autoren stehen oft in den Fußnoten. Für manche Zitate werden ggf. nur die Autoren und die Seitenzahl angegeben, da das Werk schon mehrmals zitiert wird. Zitate, Titel der Werke oder Kapiteln, sowie fremdsprachige Wörter werde kursiv geschrieben. Die Wörter in eckigen Klammern in den Zitaten sind aus eigener Zufügung und dienen zu besserer Anpassung der Zitate zu dem Kontext. Alle Fettdrucke sind aus eigener Zufügung und dienen zur Hervorhebung der entsprechenden Wörter. Kants *Kritik der reinen Vernunft* wird wie üblich nach „A" (=Paginierung der Erstauflage) und „B" (=Paginierung der Zweitauflage) zitiert.

Wichtige Abkürzungen der Werke:

Die Zitierung von **Immanuel Kants** Werken bezieht sich grundsätzlich auf Akademieausgabe: *Kants gesammelte Schriften*. Deutsche Akademie der Wissenschaften, Berlin, Walter de Gruyter, 1900-42:

AA: Akademieausgabe
A: Kritik der reinen Vernunft. Erste Auflage (1781), AA (Bd. IV)
B: Kritik der reinen Vernunft. Zweite Auflage (1787), AA (Bd. III)
Proleg: Prolegomena zu einer jeden künftigen Metaphysik, die als Wissenschaft wird auftreten können. AA (Bd. IV)
MAN: Metaphysische Anfangsgründe der Naturwissenschaft, AA (Bd. IV)
KU: Kritik der Urteilskraft. AA (Bd. V)

Die Zitierung von **G. W. F. Hegel**:

Logik: Wissenschaft der Logik (1816). Zweiter Band. Die subjektive Logik oder die Lehre vom Begriff, Gesammelte Werke, Bd. 12, Hamburg, 1994

Enzy: Enzyklopädie der philosophischen Wissenschaften im Grundrisse (1830). Erster Teil, G. W. F. Hegel: Werke in 20 Bänden, Bd. 8, Suhrkamp, Frankfurt am Main, 1986

JS: Jenaer Schriften (1801 - 1807), G. W. F. Hegel: Werke in 20 Bänden, Bd. 2, Suhrkamp, Frankfurt am Main, 1986

VGP: Vorlesung über die Geschichte der Philosophie III, G. W. F. Hegel: Werke in 20 Bänden, Bd.20, Suhrkamp, Frankfurt am Main, 1986

0. Einleitung

Diese Abhandlung wird der Auseinandersetzung mit Kants Thematik der objektiven Gültigkeit der Erfahrungserkenntnis gewidmet. Sie versucht zu zeigen, dass diese Thematik bei Kant zugleich eine ungelöste Problematik darstellt, denn Kant, von seiner Grundposition der Dichotomie ausgehend, kann die Objektivität der Erfahrungserkenntnis nicht wirklich nachweisen. Hingegen ist Hegels Lehre des Begriffs ein Konzept gegen die Dichotomie. Erst mithilfe von Hegels *Begriffslogik* kann die Objektivität der Erkenntnis wirklich verstanden werden und die Kantische Problematik der Dichotomie überwunden werden[1]. Dabei wird Hegels *Begriffslogik* als eine Philosophie der Identität nachgezeichnet.

Der Hauptteil der ganzen Abhandlung ist in vier Teile eingeteilt: Der erste Teil befasst sich mit der Analyse der Thematik der objektiven Gültigkeit und versucht, eine unabhängige Kritik an Kants Position der Dichotomie auszuüben. Dem zweiten Teil wird die Aufgabe erteilt, den Hegelschen Begriff im Kontext des Erfahrungsproblems einzuführen. Im dritten Teil wird Kants Behandlung des Erfahrungsproblems erneut aufgegriffen. Aber der Schwerpunkt wird auf die von Hegels *Begriffslogik* ausgehende Kritik an Kants Logik gelegt: sowohl an seiner Theorie des Begriffs als auch an der des Urteils. Im vierten Teil wird Kant unmittelbar mit Hegels Kritik konfrontiert. Im Hintergrund der Bewusstseinstheorie gilt dieser Teil als eine Zuspitzung der vorher erwähnten Thesen. Man gewinnt daraus einen Überblick über den Unterschied zwischen der Kantschen Transzendentalphilosophie und der Hegelschen *Begriffslogik* qua Unterschied zwischen der Philosophie der Dichotomie und der der Identität.

Hinter dieser Gliederung der Abhandlung stehen folgende Überlegungen: Dass Kant die objektive Gültigkeit der Erfahrungserkenntnis nachweisen will, wird als ein Ziel und ein inneres Element von Kants Transzendentalphilosophie in ihrem Kampf gegen Humeschen Skeptizismus angesehen. Dass Kant dieses Ziel in Form einer transzendentalen Deduktion erreichen will und erreichen zu können glaubt, geht aber auf Kants Position der Dichotomie zurück, denn die zugrundeliegende Erkenntnisstruktur, auf die sich Kants Deduktion beruft, ist selbst dichotomisch. Aber gerade wegen der Dichotomie kann sich die Aufgabe der transzendentalen Deduktion auch nur als verfehlt erweisen. Sowohl die Aufgabenstellung als auch die vermeintliche Lösung Kants haben nur den Charakter einer Hypothese. Der objektiven Gültigkeit der Erkenntnis im Sinne ihrer notwendigen Möglichkeit oder Geltung widerspricht unmittelbar die Dichotomie, indem diese die Wahrheit der Erfahrungserkenntnis problematisch macht.

---

[1] Über die Möglichkeit der Vermittlung von Kants theoretischer Philosophie durch Hegels Philosophie, insbesondere aus der Perspektive des Bewusstseins (welches als ins Dasein kommender Begriff ebenfalls bei der *BegriffsLogik* Hegels ausführliche Behandlung findet), einen „*Dialog*" zwischen Kant und Hegel zu rekonstruieren, s. Stefan Kühnen, „Kant und Hegel über Wahrnehmung", S. 261- 264

Die Abschaffung der Dichotomie führt direkt zu einer Änderung der Erkenntnisstruktur und fordert somit auch ein neues Verständnis zur Objektivität der Erfahrungserkenntnis, welches Hegels Begriffslehre leisten kann. Von dieser Überlegung ausgehend folgt der Gedankengang im zweiten Teil nicht dem Leitfaden in Hegels Logik, sondern er ist stets problemorientiert. Die Abhandlung führt die Begriffe von Begriff, Urteil und Schluss so ein, dass man einsehen kann, wie die dialektische Entwicklung von Begriff über Urteil bis Schluss zur Lösung des Notwendigkeitsproblems der Erfahrungserkenntnis beitragen kann. Letztendlich wird sich die These herausstellen, dass ein objektiv gültiges Erfahrungsurteil nur in einem System der Schlüsse als *causa sui* zu fundieren ist, worin jedes Urteil Anspruch auf Wahrheit erheben kann.

Der dritte Teil gilt als eine Anwendung der im zweiten Teil gestellten Thesen und als eine vertiefte Kritik an der Kantschen Dichotomie, indem gezeigt werden wird, dass die im ersten Teil erwähnte Erfahrungsproblematik darauf zurückzuführen ist, dass Kants Verständnis zum Begriff bzw. zum Urteil nicht dem Hegelschen Begriff bzw. dem Hegelschen Urteil entspricht. Durch die Darstellung der Lösung der Kantschen Problematik der Wahrheit mittels des Hegelschen Begriffs wird nochmals auf die These hingewiesen, dass das Wahrheitsproblem innerhalb des Rahmens der Dichotomie nicht gelöst werden kann. Durch die Kritik an Kants Verständnis wird auch klar, dass das Problem der objektiven Gültigkeit der Erfahrungserkenntnis allein in der *Begriffslogik* Hegels eine zufriedenstellende Lösung finden kann.

Der vierte Teil wird die Thesen dieser Abhandlung nochmals zusammenfassen und beglaubigen, indem zahlreiche unmittelbare Kritiken Hegels an Kants Theorie des Bewusstseins als eine Kritik an der Dichotomie gelesen werden. Daraus wird auch ein unmittelbarer Zusammenhang zwischen dem Model des Bewusstseins und dem Schema der Begriffsmomente hergestellt. Somit wird die Argumentationskraft der von Hegels Begriffslehre ausgehenden Kritik an Kants Erkenntnistheorie verstärkt und die im ersten Teil aufgewiesene Argumentationsstruktur transparent.

1. Die Kantsche Philosophie und ihr Problem der Dichotomie

1.1 Kants Erfahrungsproblem im Hintergrund des Humeschen Skeptizismus

1.1.1 Der Humesche Skeptizismus

In der Philosophiegeschichte lässt sich die Philosophie Kants als eine Vermittlungsposition zwischen der kontinentalen Metaphysik und dem britischen Empirismus bezeichnen. Zu dieser Charakterisierung gehört die Sachlage, dass die Erkenntnistheorie Kants gerade im Kampf gegen den Humeschen Skeptizismus ausgereift ist, obwohl andererseits Kant auch erst von Hume aus dem „*dogmatischen Schlummer*" (Proleg, AA, S.260) geweckt wurde.

Der skeptische Standpunkt Humes findet seine Äußerung beispielweise in dem folgenden Zitat: „*Daher ist es unmöglich, daß irgendwelche Begründungen durch Erfahrung diese Ähnlichkeit der Vergangenheit mit der Zukunft belegen können, denn all diese Begründungen beruhen ja auf der Voraussetzung dieser Ähnlichkeit*"[2].

Hume lehrt, dass die für sicher gehaltene Erkenntnis der Gesetzmäßigkeit der Natur nur ein subjektiv-psychologisches Fundament hat und man nicht nachweisen kann, dass diese Erkenntnis wirklich der Sache selbst gemäß ist, denn jeder Nachweis setzt schon solcheErkenntnis voraus.

Der heftigste Angriff Humes gegen die rationale Erkenntnis äußert sich in seiner Behandlung dieses Kausalitätsproblems. Er lehnt es grundsätzlich ab, der Zeit nach aufeinander folgenden Ereignissen ein Verhältnis von Ursache und Wirkung zuzuordnen, denn es läge Hume zufolge nicht in den Ereignissen selbst, sondern nur in uns, gewisse Gesetzmäßigkeit der Abfolge der Ereignisse vorzustellen. D.h., es wäre eine bloß auf die Gewohnheit gefußte Erwartung, die vielmal wiederholte beobachtete Abfolge von zwei Ereignissen in der Vergangenheit auch in der Zukunft oder für immer zu beobachten. Für Hume geht es lediglich um eine unbegründete Annahme der Ähnlichkeit der Vergangenheit mit der Zukunft: was für die Vergangenheit gälte, **müsste** nämlich auch für die Zukunft gelten. Dieses „*müsste*", das die Zwangsläufigkeit einer subjektiven Induktionsdenkweise ausdrückt, verwandelte sich dann in der vermeintlichen Notwendigkeit der Abfolge der Objekte selbst, die man aus unbefugtem Grund dann die Gesetzmäßigkeit der Ursache-Wirkung nannte.

Insgesamt versteht Hume unter der Gesetzmäßigkeit, an der er Kritik ausübt, ein allgemeingültiges empirisches Wissen, das doch unabhängig von der konkreten Erfahrung, insbesondere der zeitlichen Bedingung gelten sollte. Und ein solches, wendet Hume zu Recht ein, gibt's natürlich nicht. Die Gesetz-

---

[2] David Hume, Eine Untersuchung über den menschlichen Verstand, Frankfurt am Main, 2007, S.59

mäßigkeit der Ursache-Wirkung ist z.B. für Hume dasjenige allgemeingültige Wissen, das man verwendet, um, unabhängig von der Beobachtung, die Geschehnisse in der Zukunft vorher zu sagen. Wie könnte es aber, wenn es nicht aus Erfahrung hervorginge, doch von Erfahrung gelten? Indem aber Hume das Faktum der allgemeingültigen Erkenntnis bestritten zu haben glaubt, hält er auch keine Gesetzmäßigkeit der Natur selbst für möglich, was eine Hiobsbotschaft für alle Wissenschaften wäre.

Ein Hauptstützpunkt von Humes Skeptizismus besteht darin, dass er zwischen erkennendem Subjekt und objektiver Welt eine klare Linie zieht. Dies hat zur Folge, dass er auch innerhalb des Subjekts sinnliche Vorstellungen und Vernunfterkenntnisse voneinander abgrenzt. Gesetzmäßigkeit wird allein dem Subjekt zuerkannt, nämlich ausschließlich als denkseitige Vernunfterkenntnis. Da das Subjekt gegenüber der Welt nur passiv bzw. rezeptiv stünde, d.h., da sinnliche Vorstellungen unabhängig von dem Aktus des Subjekts entstanden zu sein scheinen, hält Hume sinnliche Vorstellungen für rein objektiv, von denen Vernunfterkenntnisse, da sie sich dem Aktus des Subjekts verdanken, nicht gälten. Das Subjekt assoziierte ggf. zwar sinnliche Vorstellungen aus subjektiven Gründen, aber eben mit subjektiven Zutaten und Verzerrung, sodass es dafür keine Objektivität beanspruchen dürfte. Für Hume wären also deswegen keine allgemeinen Vernunfterkenntnisse über die objektive Welt möglich, weil kein Nachweis der Übereinstimmung der beiden vorhanden wäre, denn dafür müsste Hume zufolge wieder eine gewisse Vernunfterkenntnis vorausgesetzt werden, die in Ansehung ihrer Geltung für die objektive Welt unbegründet wäre. Mit anderen Worten erkannte man Hume zufolge die objektive Welt niemals allgemein und objektiv, sondern man sollte sie allein anhand bloßer sinnlicher Vorstellungen fühlen oder wahrnehmen[3].

1.1.2 Transzendentalphilosophie als Programm gegen Humeschen Skeptizismus

Kant bringt dem Humeschen Problem, das zu der Absage an die Möglichkeit der objektiven Erfahrungserkenntnis und der Naturwissenschaft führt, seine Lösung durch die sogenannte Transzendentalphilosophie entgegen. Die einleitende Frage seines Entwurfs lautet: Wie ist die Erfahrung möglich? Wie mancher Kommentator darauf hinweist[4], hat der Terminus bei Kant eine zweifache Bedeutung: er bedeutet zum einen die sinnliche Erfahrung, nämlich die sinnlichen Vorstellungen, zum anderen die Erfahrungserkenntnis. Die Zweideutigkeit der Erfahrung sollte nicht als eine Schwäche Kants angesehen werden, denn sie hängt mit seiner Strategie zur Lösung des genannten Humeschen Problems zusammen.

---

[3] Vgl. Harold W. Noonan, Hume on knowledge, London, 1999, S. 51-62, S.161-173

[4] S. Reinhard Hiltscher, Einführung in die Philosophie des deutschen Idealismus, Darmstadt, 2016, S. 30 ff.

Um Humes Skeptizismus grundsätzlich zu widerlegen, muss Kant den erwähnten metaphysischen Stützpunkt Humes unmittelbar angreifen, nämlich die Annahme einer von dem Subjekt unabhängig existierenden, nur durch sinnliche Vorstellungen erreichbaren Welt. Die vermeintliche Evidenz dieser Annahme geht, wie schon erwähnt wird, wohl auf die scheinbar gediegene Objektivität der sinnlichen Vorstellungen zurück. Gerade sie stellt Kant in Frage, indem er fragt: wie sind sinnliche Erfahrungen für uns überhaupt möglich? Kants Antwort dazu lautet: die einfache rezeptive Gegebenheit sinnlicher Vorstellungen reicht noch nicht aus. Sinnliche Vorstellungen, um als solche wahrgenommen zu werden, müssten vorab gewisse subjektive Bedingung erfüllt haben, nämlich durch die notwendigen Anschauungsformen von Raum und Zeit geformt werden, die **unsere** besonderen Formen der Sinnlichkeit sind. Die Konsequenz von dieser transzendentalen Betrachtungsweise besteht in erster Linie darin, dass sinnlichen Vorstellungen reine Objektivität abgesprochen wird und ihre Stelle als unmittelbares Wahrheitssymbol enthoben wird. Das bedeutet, dass die Vertretung Humes, dass die Vernunfterkenntnis nur deswegen, weil sie von anderer Art als sinnliche Vorstellung ist, die angeblich die einzige getreue Entfaltung der objektiven Realität wäre, keine objektive Gültigkeit haben könnte, nicht mehr haltbar ist. Sinnliche Vorstellungen sind nach Kant Erscheinungen, die trotz ihrer Gegebenheit keine unmittelbare Wiedergabe der angenommenen gediegen objektiven Realität sind, sondern für ihre epistemische Zugänglichkeit bereits der subjektiven Bedingung der Anschauungsformen von Raum und Zeit unterworfen sein müssen.

Mit der in der „*transzendentaler Ästhetik*" dargelegten Deduktion der apriorischen Anschauungsformen vollendet Kant den ersten Schritt seiner Widerlegung des Humeschen Skeptizismus. Durch diese Kritik an der von Hume implizit vertretenen Wahrheits-und Objektivitätsdefinition hat er dem Humeschen Skeptizismus seine Grundlage entzogen. Kant sollte dieser Strategie weiter folgend durch eine „*transzendentale Logik*" auch den zweiten Schritt getan haben, der darauf abzielt, in scharfer Polemik gegen Hume die Objektivität der Vernunfterkenntnis zurückzugewinnen.

Zu diesem Zweck hat Kant eine Schwäche des Humeschen Skeptizismus ausgenutzt. Es liegt nicht an Humes ursprünglicher Absicht, alle Vernunfterkenntnisse in Zweifel zu ziehen. Die mathematischen Erkenntnisse sind sicherlich Vernunfterkenntnisse, aber ihre Wahrheit ist unumstritten. Hume wollte eigentlich nur die objektive Gültigkeit der damaligen geläufigen metaphysischen Lehren in Bezug auf die Welt bestreiten. Hinter dieser Absicht scheint sich die Überzeugung Humes zu verbergen, begrifflich vermittelte Vernunfterkenntnisse und sinnlich unmittelbar gegebene Erkenntnisse immer streng unterscheiden zu können. Nach Hume wäre z.B. das von kausalursächlicher Vernunfterkenntnis ausgehende Urteil „die Sonne geht morgens auf" deswegen nicht objektiv gültig, weil es einleuchtend ist, „*dass wir von diesen Tatsachen keine höhere Gewissheit haben als diejenige, die uns die Erfahrung gibt"*[5]. D.h. dass die Sonne tatsächlich bzw. in der Vergangenheit aufgeht, ist eine Tatsachenwahrheit, die uns mittels der Erfahrung beigebracht wird, während, dass die Sonne aufgehen **müsse**, oder sie in Zukunft aufgeht – da sie nicht durch sinnliche Erfahrung vermittelbar ist – keine objektive Geltung beanspruchen darf. Hier scheint es in Humes Argumentation selbstverständlich zu sein, dass es um ganz verschiedenartige Erkenntnis geht, wenn man das Urteil „die Sonne geht morgens auf" fällt und wenn erfahrungsgemäß die Aussage „die Sonne ging gestern auf" artikuliert wird.

Kant sieht in dieser Einstellung Humes nicht nur eine Bedrohung für die Legitimität der Naturwissenschaft, denn eine der wichtigsten Funktionen von dieser besteht in der Vorhersage der Ereignisse der Zukunft, sondern findet sie auch erkenntnistheoretisch nicht haltbar. Nach Kant sind alle Erfahrungserkenntnisse, egal wie viel sinnliche Gewissheit sie zu besitzen scheinen, schon Produkte des Denkens, oder in einem Terminus Kants ausgedrückt, synthetische Urteile a posteriori. D.h., um als Erkenntnis gelten zu können, müssen sinnliche Vorstellungen vorab von dem Denken geformt bzw. synthetisiert werden. Ganz ähnlich wie gegebene sinnliche Vorstellungen, die für eigene Möglichkeit die subjektive Bedingung der Anschauungsformen erfüllen müssen, so müssten alle Erfahrungserkenntnisse, wenn sie möglich sein würden, bestimmte subjektive Bedingung der Denkungsformen erfüllt haben, die die Kategorien oder die reinen Verstandesbegriffe heißen. Es stimmt Kant zufolge nicht, wie Hume implizit annimmt, dass es sinnliche Vorstellungen gibt, die unmittelbar etwas über die äußere Welt vermitteln könnte und wozu man auch unmittelbaren Zugang hätte, als läse man unmittelbar in ihnen getreue Abdrücke der Welt ab, sondern es ist ausschließlich der Fall, dass sinnliche Vorstellungen außer der Anschauungsformen noch zusätzlich den Kategorien gemäß sein müssen, um uns Wissen über die äußere Welt vermitteln zu können. Manche von Hume als unbegründet verworfene Vernunfterkenntnisse, insbesondere die Erkenntnis von Ursache-Wirkung, sind daher Kant zufolge nicht ein meta-sinnliches und der Realität fremdes Resultat der Vernunft, sondern eine der Erkenntnis immanente und notwendige Bedingung überhaupt. Ohne Kategorien wie z.B. den Begriff der Ursache-Wirkung als denknotwendige Bedingung der Erkenntnis gelten zu lassen, würde sogar die nach Hume gewisse Erkenntnis, dass die Sonne jetzt aufgehe, nicht möglich sein.

---

[5] David Hume, Ein Traktat über die menschliche Natur, Buch I, Dritter Teil, Abschnitt XI, Felix Meiner Verlag, Hamburg, 2013, S. 160

Das Wesentliche des Humeschen skeptischen Standpunkts besteht darin, dass er dem Denken die Rolle als Zugang zur objektiven Realität verweigert, während die rezeptive Sinnlichkeit ihm zufolge allein für die Vermittlung der Realität tauglich wäre. Kants Widerlegungsstrategie ist dementsprechend auch in zwei Aspekten nachzuvollziehen: Einerseits ist die Sinnlichkeit nicht unmittelbar an der objektiven Realität verankert, denn diese ist vor allem eine durch die Anschauungsformen von Raum und Zeit geleistete Konstitution. Andererseits taugt auch die Sinnlichkeit nicht zur Vermittlung der Erkenntnis, außer wenn sie schon durch die Kategorien vorstrukturiert gewesen wäre. Gerade in dem Sinne, dass die Erfahrung, sowohl qua sinnliche Gegebenheit als auch qua Erfahrungserkenntnisse, doch möglich sein soll und somit die apriorischen Bedingungen der Möglichkeit derselben erfüllen muss, behauptet Kant, dass es notwendigerweise synthetische Sätze a priori gebe, die die Grundsätze sind, die mittels des Schematismus zugleich die apriorischen Formen aller Erfahrung zum Ausdruck bringen.

1.1.3 Synthetische Urteile a priori und die objektive Gültigkeit der Erfahrungsurteile

Man muss zugestehen, dass in Ansehung dessen, dass die Grundsätze a priori, wie z.B. der „*Grundsatz der Zeitfolge nach dem Gesetz der Kausalität*" (A 189/B 232), doch synthetische Sätze sind, d.h. sie unsere Erkenntnisse über die Natur erweitert, Humes skeptische These, dass es gar keine nachgewiesen allgemein gültige Vernunfterkenntnis der Natur geben könnte, widerlegt ist. Die Frage ist nun, ob Humes Skeptizismus dadurch wirklich gründlich widerlegt wird. Aus der logischen Perspektive gesehen hat die gerade so formulierte Humesche skeptische These selbst Allgemeingültigkeit beansprucht. Für die Widerlegung der Behauptung in Form von „alle **x** existieren nicht" (alle **die Naturerkenntnisse erweiternden Vernunfterkenntnisse** existierten nicht) reicht zwar eine Ausnahme, wie z.B. die Existenz der Kantschen Grundsätze a priori aus, dennoch bedeutet die Widerlegung nicht, dass alle x existieren. In gleichem Sinne ist man nicht befugt, ohne weiteres von Kants Widerlegung zu dem Resultat zu kommen, dass ALLE Vernunfterkenntnisse, oder auch nur ein gewisser Anteil davon, d.i. ALLE naturwissenschaftlichen Urteilen objektiv gültig wären. Ohne aber dies zu tun, ist die Legitimität der Naturwissenschaft, die ein System der Vernunfterkenntnisse ist, immer noch der Bedrohung des Humeschen Skeptizismus ausgesetzt.

Man sieht das Problem besser ein, wenn man Kants apriorischen Grundsatz a priori der Kausalität als ein Beispiel näher betrachtet. In der 1. Auflage der *Kritik* formuliert Kant diesen Grundsatz so: „*Alles, was geschieht, ... setzt etwas voraus, worauf es nach einer Regel folgt*" (A 189). Dieser Satz sagt eigentlich, dass man ein Ereignis notwendigerweise, nämlich „*nach einer Regel*" als Wirkung von einer Ursache denkt. Diese auf der transzendentalen Ebene verstandene Erkenntnis ist unterschiedlich von dem kausalmechanischen Gesetz in den Naturwissenschaften, denn unter dem letzteren versteht man nicht nur, dass jedes bereits geschehene Ereignis notwendigerweise eine Ursache hat, sondern auch umgekehrt, dass jedes Ereignis notwendigerweise eine Wirkung hat. Mit dem letzteren würde man auch von dem in Zukunft liegenden und noch nicht geschehenen Ereignis sprechen können, dass es als Wirkung von bestimmtem Ereignis notwendigerweise hervortreten würde. In einem Wort beschränkt man sich bei dem ersteren ehe auf eine kausalursächliche Erklärung der Gegebenheiten: was geschehen ist, geschieht mit Notwendigkeit als Wirkung von einer Ursache, oder, falls etwas überhaupt als eine Ursache angesehen wird, *„ist das Sein der Wirkung notwendig"*[6]. Der Grundsatz a priori der Kausalität schließt also nicht von beliebigem Ereignis in der Gegenwart auf das der Zukunft, sondern sagt lediglich allgemein über die **Möglichkeit** der Ereignisse (der Form nach) aus, dass, ein Ereignis, **falls** es überhaupt in der Zukunft geschehen würde, mit Notwendigkeit als Wirkung von einer vorangehenden Ursache geschehen würde. Im Gegensatz dazu tendiert das letztere dazu, über die konkrete Erfahrung und zeitliche Bedingung hinaus allgemein über die **Wirklichkeit** der Geschehnisse (dem Inhalt nach) in der Natur zu urteilen, indem es die ganze Natur kausalmechanisch beschreibt.

Beobachtet man z.B. einen auf das Fensterglas hin fliegenden Stein, so liegt das Interesse des Kantschen Grundsatzes der Kausalität ausschließlich darin, aus der in der Zeit sukzessiv gegebenen Vorstellungsreihe des Steins eine notwendig existierende Einheit herzustellen, indem sie jede Vorstellung von dieser Reihe als notwendige Wirkung von der ihr vorhergehenden Vorstellung gelten lässt. Man geht so zu sagen stets rekursiv auf Ursachen höherer Stufen hin. Im Gegensatz dazu wird nach dem kausalmechanischen Naturgesetz sofort eine Vorhersage der Wirkung des Steins auf das Glas gemacht, auch wenn die Wirkung noch nicht auftritt oder nur mit bestimmter Wahrscheinlichkeit auftreten wird. Zusammengefasst sind die Grundsätze a priori Kants zwar Erkenntnisse a priori, dennoch nicht von Arten der naturwissenschaftlichen Erkenntnisse, die von Humes Skeptizismus bedroht werden. Es ist daher schlüssig, angesichts des eben dargestellten Unterschieds zu behaupten, dass Kant lediglich durch die Aufstellung der Grundsätze a priori noch nicht die naturwissenschaftlichen Erkenntnisse gegenüber Humeschen Skeptizismus zu verfechten vermag.

Hume sieht sinnliche Vorstellungen als die einzige berechtigte Erkenntnisart an, während Kant die Erfahrung als aus zwei verschiedenen Bestandteilen zusammengesetzt betrachtet: sinnlichen Vorstellungen und dem Denken derselben. Die ersteren wären ohne das letztere unmöglich. Somit ist der Humesche Skeptizismus gegen die Vernunfterkenntnis schon gewissermaßen beseitigt. Dennoch ist eben

---

[6] Walter Gölz, Kants „Kritik der reinen Vernunft" im Klartext, UTB, Tübingen, 2. Auflage, 2008, S. 101

wegen der Annahme der beiden verschiedenen Erkenntnisquellen ein neuer Skeptizismus entstanden: die Erfahrungserkenntnis ist selbst doch keine reine Vernunfterkenntnis wie die Grundsätze a priori, sondern sie ist auf der Gegebenheit der sinnlichen Vorstellungen so angewiesen, dass die reinen Grundsätze a priori allein nicht imstande sind, Erfahrungserkenntnis zustande zu bringen und sie als allgemeingültig zu berechtigen.

Auch Kant ist sich des Unterschieds dieser beiden Arten von Vernunfterkenntnissen völlig bewusst, indem er zwischen den synthetischen Urteilen a priori und synthetischen Urteilen a posteriori streng unterscheidet. Das Kriterium der Unterscheidung liegt gerade an der *„Quelle"* (B 2) der Erkenntnis, worauf sich die Möglichkeit der jeweiligen Erkenntnisarten stützt. Die Erkenntnis a priori weiß man unabhängig *„von der Erfahrung und selbst von allen Eindrücken der Sinne"*, während man die Urteile a posteriori nur *„durch Erfahrung"* (B 3) fällen kann. Die naturwissenschaftliche Erkenntnis, wie weit sie von der sinnlichen Erfahrung ausgeschieden zu sein scheinen mag, gehört doch zu dieser, denn ohne sie, z.B. ohne die vorangehende, von der Sinnlichkeit ausgehende naturwissenschaftliche Forschungstätigkeit vorauszuschicken, wäre die Genesis der naturwissenschaftlichen Erkenntnis unmöglich. Kant selbst hat auf B 2 der *Kritik* ein Beispiel gegeben, ein Mann, der das Fundament seines Hauses untergrub, mache zwar eine scheinbar von der Erfahrung unabhängig richtige Vorhersage, dass das Haus einfallen würde, dennoch sei diese Vorhersage auf eine Erkenntnis basiert, die erst zuvor durch die sinnliche Erfahrung bestätigt werden müsse.

Obwohl Kant die synthetische Erkenntnis nur der Quelle nach in apriorische und aposteriorische einteilt und nicht unmittelbar verdeutlicht, dass die synthetischen Urteile a posteriori nicht allgemeingültig sein können, dennoch sollte es nach Kants Definition selbstverständlich sein, dass, da die Quelle eines Urteils a posteriori **in** der Erfahrung, nämlich **in** einer besonderen sinnlichen Erfahrung liegt, so es eigentlich nicht legitim ist, über konkrete Erfahrung hinausgehend zu behaupten, dass man dasselbe Urteil in allen Erfahrungssituationen fällen müsste, denn die Chance ist sehr gering, dass alle möglichen Erfahrungssituationen mit ein und demselben Urteilsgehalt übereinstimmen würden. Das bedeutet nichts anders, als dass die synthetischen Urteile a posteriori keine Allgemeingültigkeit beanspruchen dürfte.

Das Problem liegt nun darin, dass Kant trotz dieser klaren Unterscheidung der beiden Erkenntnisarten dennoch versucht, zumindest einen Teil der synthetischen Urteile a posteriori, d.i. der Erfahrungsurteile als *„objektiv gültig"* (B 142) nachzuweisen. Ein einfaches Erfahrungsurteil sei nach von Kant gewähltem Beispiel wie „*Der Körper ist schwer*"[7]. Dürfte man unter „*objektiv gültig*" wie im gewöhnlichen Sinne überhaupt „*allgemeingültig*" verstehen – was vollkommen plausibel ist, da jenes Erfahrungsurteil voraussichtlich auch bis ferne Zukunft zustimmen wird –, so entstünde ein scheinbar unübersehbarer Widerspruch innerhalb der Kantschen Philosophie. Leider scheint es sogar Belege dafür zu geben, denn Kant sagt ausdrücklich in *Prolegomena*, dass „*die objektive Gültigkeit des Erfahrungsurteils nichts anders als die notwendigeAllgemeingültigkeit desselben [ist]*" „(Prolog, S. 298).

Auf B3-B4 hat Kant zwar eine Unterscheidung zwischen einer „*wahre[n] und strenge[n] Allgemeinheit und einer „angenommene[n] und komparative[n] Allgemeinheit*" getroffen, so dass die objektive Gültigkeit des Erfahrungsurteils dann ausschließlich die „*durch Induktion*" erworbene „*komparative Allgemeinheit*" meinen sollte. D.h., Kant sollte an diesem Punkt Hume folgend niemals beabsichtigt haben, den Erfahrungsurteilen die strenge und wahre Allgemeinheit zuzusprechen. Diese eingeführte terminologische Unterscheidung scheint den erblickten Widerspruch wieder aufgelöst zu haben. Aber man bemerkt zugleich, dass Kant die Erfahrungserkenntnis doch mit gewisser objektiver Gültigkeit versehen möchte, die ihre relative Allgemeingültigkeit in gewisser Weise qualifizieren könne[8], was aber bei Hume gar nicht der Fall ist und somit Kant von dem Humeschen Skeptizismus grundsätzlich abgrenzt sowie der Verfechtung der Legitimität der Naturwissenschaften dienlich sein kann. Aber die genaue Bedeutung der objektiven Gültigkeit bleibt uns bis her immer noch unklar und bedarf weiterer Untersuchung.

1.2 Kants Erfahrungsproblem als Problem der Dichotomie

1.2.1 Die Problematik der Kantschen transzendentalen Deduktion

1.2.1.1 Die Apriorität und die objektive Gültigkeit

Kants Intention, die Erfahrungserkenntnis, oder genauer, die Erfahrungsurteile als objektiv gültig nachzuweisen, zeigt sich in seiner „*transzendentaler Deduktion der Kategorien*" auf, oder anders ausgedrückt will Kant in seiner „*transzendentaler Deduktion*" die objektive Gültigkeit der Erfahrungsurteile

---

[7] Auf B 142 heißt der Beispielsatz „die Körper sind schwer". Ich gehe davon aus, dass die Singularität oder die Pluralität des Subjekts nicht von großer Relevanz für die Auseinandersetzung mit dem Satz selbst ist, denn auch mit der Singularität kann man den Gattungsbegriff „Körper", nämlich plural verstandene Körper bezeichnen.

[8] Die relative Allgemeinheit erhebt nämlich doch einen relativen Geltungsanspruch, dass, solange die Erkenntnis noch nicht durch die Erfahrung widerlegt wird, sie mit Berechtigung weiterhin als allgemeingültig anerkannt werden soll. Was den Geltungsanspruch eines Erfahrungsurteils relativieren könnte, wäre allein die Änderung des Erkenntnisgenstands selbst oder die Endlichkeit unserer Erkenntnisvermögen. Die Erkenntnis kann zwar in Ansehung ihrer Aktualität überholt werden, dennoch bleibt die Richtigkeit eines in bestimmtem Umstand oder in bestimmtem Umfang gefällten Erfahrungsurteils selbst ehe unverletzt. Vgl. Beatrice Longuenesse: „Judgement, community, and the Third Analogy", in: Kant on the human standpoint, Cambridge, 2005, S. 184-208

nachweisen. Nach Kant heißt die Frage einer transzendentalen Deduktion zugleich die, wie die Kategorien sich „*a priori auf Gegenstände beziehen können*" (A 85/B 117), „*ohne etwas zu deren Vorstellung aus der Erfahrung entlehnt zu haben*" (A 86/B 118). Der Grund, die Gegenstände vorstellen zu können, ohne etwas aus der Erfahrung entlehnt zu haben, liegt darin, dass die Bezugnahme der Kategorien auf die Gegenstände nicht im Nachhinein stattfindet, als ob die Gegenstände zuerst selbstständig da wären und die Bezugnahme der Kategorien darauf dann für deren Vorstellung sorgte, sondern die Gegenstände selbst zugleich die Vorstellungen und eine apriorische Konstitution durch die Kategorien sind, sodass Kant sagen kann, dass sich die Kategorien, als Vorstellungen a priori, „*a priori auf Gegenstände beziehen*". D.h., die Apriorität der Anwendung der Kategorien sorgt für ein vor der Erfahrung stattfindendes Erzeugen der Vorstellungen der Gegenstände, die für Kant dann Gegenstände der objektiv gültigen Erkenntnisse sind.

Dass nach Kants Meinung die apriorische Anwendung der Kategorien für die objektive Gültigkeit der daraus entstandenen Erfahrungserkenntnisse bürge, belegt das folgende Zitat: „*Folglich ist die Einheit des Bewusstseins dasjenige, was allein die Beziehung der Vorstellungen auf einen Gegenstand, mithin ihre objektive Gültigkeit, folglich, dass sie Erkenntnisse werden, ausmacht*" (B137). Dieser Textabschnitt enthält viele Informationen, wovon für unseren jetzigen Argumentationszweck sehr wichtig ist, dass Kant „*die Beziehung der Vorstellungen auf einen Gegenstand*", welche hier bemerkenswert durch die apriorische Bezugnahme der Kategorien auf den Gegenstand geleistet wird, und die „*objektive Gültigkeit*" der auf Gegenstand bezogenen Vorstellungen, nämlich der Erkenntnis selbst, als gleichbedeutend ansieht, weil er das Verbindungswort „*mithin*" verwendet. Daher, wenn Kant mittels einer transzendentalen Deduktion der Kategorien die Apriorität der Anwendung der Kategorien nachzuweisen versucht, so glaubt er zugleich einen Nachweis der objektiven Gültigkeit der Erkenntnis der Gegenstände selbst vorlegen zu können.

Laut der vorherigen Auseinandersetzung ist Kants Gedankengang hier problematisch, weil die apriorische Anwendung der Kategorien zwar die apriorische Erzeugung der Vorstellung des Gegenstands bedeutet, aber diese kann höchstens dafür sprechen, dass die derart erzeugte Vorstellung apriorische Wurzel in den Kategorien hat, nämlich, dass **der Akt** ihrer Erzeugung apriorisch oder, in Kants Wort, „*spontan*" ist. Aber **der Inhalt** der erzeugten Vorstellung muss doch durch die Erfahrung a posteriori gegeben werden. Die Erfahrungserkenntnis als synthetisches Urteil a posteriori bedeutet für Kant nichts anders als die **mittels** der Kategorien zustande gebrachte besondere Synthesis bzw. Verbindung der Vorstellungen, deren Einheit dann Gegenständlichkeit ausmacht. Im Kontext einer transzendentalen Deduktion versteht man die zu verbindenden Vorstellungen als das „*mannigfaltige in einer sinnlichen*

Anschauung Gegebene" (B 143). Als Inhalte der zu erzeugenden Vorstellung des Gegenstands sind sie auf der sinnlichen Gegebenheit angewiesen, der Kontingenz der Erfahrung ausgesetzt und schon in diesem Sinn subjektiv.

Es lässt sich angesichts dessen dann die Frage stellen: wie und mit welchem Recht die an sich nur subjektiv geltenden sinnlichen Daten durch die bloß apriorische Verbindung für Kant Objektivität besitzen können. Denn auch der apriorisch, spontan getätigte Verbindungsakt gehört der Subjektivität und ist in diesem Sinn subjektiv. Hätte die objektive Gültigkeit der Erfahrungsurteile die Objektivität ihrer Gegenstände bedeutet, dann wäre jene eben problematisch, denn diese sind wie gesagt lediglich Resultate einer Zusammenfügung *der a posteriori* gegebenen mannigfaltigen sinnlichen Vorstellungen mithilfe von *a priori* verbindenden Kategorien, wobei es hier für die Unterscheidung von *„a posteriori"* und *„a priori"* entscheidend ist, ob es von *„durch die Anschauung"* oder *„unabhängig von der Anschauung"* die Rede ist. Nach diesem Kriterium ist die objektive Gültigkeit der Erfahrungserkenntnis noch nicht entschieden. Sie ist allenfalls nicht-apriorisch. Denn ohne das durch die Anschauung gegebene Mannigfaltige würde die Erkenntnis als Ganzes unmöglich sein. Zugleich gilt es, dass es unmöglich ist, aus dem *a posteriori* gegebenen Mannigfaltigen durch die *a priori* stattfindende Verbindung etwas Apriorisches zu machen.

Also kann die objektive Gültigkeit der Erfahrungserkenntnisse, falls es sie gibt, nicht die Apriorität derselben meinen, da ansonsten ein Erfahrungsurteil zugleich apriorisch und nicht-apriorisch sein würde. Bisher dreht man sich eigentlich immer noch nur um den Unterschied zwischen den synthetischen Urteilen *a priori* und den *a posteriori*. Das Resultat ist eindeutig: Der beabsichtigte Nachweis der objektiven Gültigkeit der letzteren kann nicht durch die Beantwortung der Frage: „wie sind die synthetischen Urteile a priori möglich?" unmittelbar vorgelegt werden, denn die Apriorität und die objektive Gültigkeit sind zwei verschiedene Begriffe.

Man soll aber in der Suche nach dem Grund der objektiven Gültigkeit der Erfahrungserkenntnisse auch aus einer anderen, nämlich methodologischen Perspektive die von Kant selbst gegebene Fragestellung der transzendentalen Deduktion, wie die Kategorien sich a priori bzw. unabhängig von aller Erfahrung auf Gegenstände beziehen **können**, insofern ganz beiseitelassen können, als Kants Antwort, – solange man mit Kant unter **„können"** ausschließlich die Fähigkeit oder die Unfähigkeit zur apriorischen Anwendung der Kategorien versteht— endlich nur auf eine pananthropologische These[9] hinausläuft: *„der Verstand sei das Vermögen, a priori zu verbinden"* (B 135) bzw. er sei die *„Spontaneität des Erkenntnisses"* (B 75). Das Problem bei dieser Antwort ist, dass die Spontaneität als ein Vermögen we-

---

[9] Darunter verstehe ich, dass Kant das, was er nicht weiter erklären kann oder will, einfach als ein menschliches Vermögen gelten lässt.

der die Zwangsläufigkeit der Verbindung bedeutet noch jede Zeit aktuell ist. Einfacher gesagt heißt es: Das „Können" der apriorischen Verbindung bedeutet nicht das „Müssen". Auch wenn die Apriorität der Anwendung der Kategorien in irgendeiner Weise für die objektive Gültigkeit der Erkenntnisse grundlegend ist, muss die Notwendigkeit der apriorischen Anwendung der Kategorien zuerst nachgewiesen werden. Für die Beantwortung der Frage, wie die Erfahrungsurteile objektiv gültig sein können, soll man daher Kants transzendentale Deduktion noch näher betrachten, in der Hoffnung, dass Kant durch sie doch mehr gesagt hätte als bis her gefundenes.

1.2.1.2 Verfehlte Aufgabe der transzendentalen Deduktion

Das, was man mit Recht von Kant erwarten darf, wenn die Erfahrungserkenntnis objektive gültig sein sollte, lautet, dass Kant nachweisen könnte, dass die Verbindung nicht nur apriorisch, sondern auch notwendig wäre, nämlich als ein notwendigerweise geschehener Akt gälte, so dass deren Resultat, also die Synthesis, ebenfalls selbst notwendig sein müsste. Gerade in Synonym zur Notwendigkeit redete man dann von der objektiven Gültigkeit, ja sogar von der Allgemeingültigkeit der Erkenntnis. Dann würde man etwas nicht nur a priori erkennen, nämlich es *„aus seiner bloßen Möglichkeit erkennen"* (MAN, AA, S. 470), wie es bei synthetischen Urteilen a priori der Fall ist, sondern auch etwas seiner Wirklichkeit nach als notwendig erkennen, d.h. man würde es so erkennen, wie *„es nicht anders sein könne"* (B3). Walter Gölz gehört zu den Interpreten, die in einem kritischen Ton behaupten, dass Kant den Begriff der objektiven Gültigkeit der Erfahrungserkenntnis dem Inhalt nach als Denknotwendigkeit derselben behandeln wollte: *„Hierbei arbeitet Kant offensichtlich mit dem Gedanken, das zu erkennen, was tatsächlich der Fall ist, welches im Grunde so viel bedeutet, wie ‚anerkennen, was der Fall ist', d.h., dass wir mit einer gewisser Notwendigkeit denken müssen, dass es so und nicht anders ist (Wer erkennen will, was ist, muss das, was ist, so ‚sehen', wie es ist!)."*[10] Auch Kant selber verstärkt diese Erwartung durch einen Hinweis darauf, dass die Beziehung der Kategorien auf einen Gegenstand *„nichts weiter tue, als die Verbindung der Vorstellungen auf eine gewisse Art notwendig zu machen"* (A 197/B 242).

Kant hat sowohl eine metaphysische als auch eine transzendentale Deduktion der Kategorien abgegeben. Die juristische Quelle des von Kant verwendeten Terminus *„Deduktion"* ist hilfreich, um zu verdeutlichen, was Kant bei den beiden Arten Deduktion ursprünglich beabsichtigt. Im traditionellen juristischen Sprachgebrauch geht es bei der *„Deduktion"* um einen *„Beweis"* eines *„Rechtsanspruchs"* (A 84/B 116). In einem Rechtsanspruch wird die Angemessenheit oder die Notwendigkeit des bean-

---

[10] Gölz, S. 80. Kant ist für Gölz ein Vertreter des Realismus, dessen Ideal lautete, dass das Denken in seiner Denknotwendigkeit auch das Real als seinen Inhalt mit Notwendigkeit denke.

spruchten Gehalts behauptet. Wenn bei Kant von der Deduktion der reinen Verstandesbegriffe oder der Kategorien die Rede ist, so muss es sich um die Rechtfertigung gewisser angesichts der Kategorien erhobener Ansprüche handeln. In der metaphysischen Deduktion ist der zu beweisende Anspruch nichts anders als die Realität der Kategorien qua reiner Begriffe. D.h., Kant muss nachweisen, dass die Kategorien in ihrer Vollständigkeit keine andere Gestalt annehmen kann als die von ihm gegebene Kategorientafel, die ihrerseits aus der Tafel der Urteilsfunktionen in der formalen Logik abgeleitet wird, denn es gibt eine *„völlige Zusammentreffung [der Kategorien] mit den allgemeinen logischen Funktionen des Denkens"* (B 159). Die beanspruchte Apriorität der Kategorien wird gerade in der demonstrierten erfahrungsfreien Ableitung der Kategorien nachgewiesen.

Ein bisschen anders sieht die Aufgabe der transzendentalen Deduktion aus. Das Beweisziel, nämlich der *„Rechtsanspruch"* hier lautet nicht die Realität der Kategorientafel qua vollständiger Sammlung von reinen Begriffen, sondern die apriorische Beziehung der Kategorien auf die Gegenstände. Da aber die Apriorität nicht unmittelbar das Beweisziel ist, sondern als Moment des zu beweisenden Anspruchs gilt, so hat Kant eigentlich die *„Rechtmäßigkeit"* (A 85/B 117) oder die Notwendigkeit der apriorischen Anwendung der Kategorien zu beweisen. Diese Lesungsweise von dem Terminus *„Deduktion"* stimmt mit dem vorher Besagten überein, dass Kant durch die transzendentale Deduktion die objektive Gültigkeit der Erfahrungserkenntnis nachweisen möchte, aber anscheinend in ihrer Ausführung den falschen Weg eingeschlagen hat, indem er die Apriorität selbst für die Notwendigkeit der Anwendung der Kategorien, welche das wirkliche Beweisziel ist, verwechselt.

Man hat die Problematik der Deduktion der Kategorien eigentlich aus drei Aspekten zu verstehen: 1. die Inhalte der Kategorien: welche dem Inhalt nach miteinander unterscheidbaren Kategorien haben wir? 2. die Funktion der Kategorien: wie funktionieren die Kategorien oder welche Funktionen können sie leisten? 3. die Realität der Kategorien (nicht der Kategorientafel): aus welcher Befugnis dürfte man so etwas wie die Kategorien annehmen? Oder warum sind Kategorien überhaupt nötig? Das erste Problem behandelt die metaphysische Deduktion der Kategorien. Das zweite Problem hat seine Lösung darin, dass die Kategorien als Arten der Verbindung ihre Funktion in der apriorischen Verbindung der sinnlichen Vorstellungen haben, indem die Verbindung nicht erst gemäß empirischen Erkenntnissen stattfindet, sondern sie aus Spontaneität des Verstandes Gegenstände aller empirischen Erkenntnisse allererst konstituieren. Bisher ist eine Sache schon klar, dass man die Apriorität der Anwendung der Kategorien nicht mit der Notwendigkeit derselben verwechseln darf, denn die Apriorität, wie schon erwähnt, nichts anders besagt als die Spontaneität bzw. Erfahrungsunabhängigkeit des Akts des Verstands in der Verbindung. Diese spontane Verbindung mithilfe von Kategorien bedeutet nicht ohne Weiteres, dass die Kategorien notwendigerweise angewendet werden. Die transzendentale Deduktion hat daher das dritte Problem zu lösen, ob der Verbindungsakt des Verstands in gewissem Sinne Notwendigkeit aufweist, damit der Erfahrungserkenntnis objektive Gültigkeit zugesprochen werden kann.

Den Terminus *„transzendental"* darf man Kant folgend folgendermaßen umformulieren: Bedingung der Möglichkeit der Erfahrungserkenntnis betreffend. Aus diesem Grund soll die transzendentale Deduktion die Aufgabe haben, die apriorische Anwendung der Kategorien dadurch als notwendig nachzuweisen, aufzuzeigen, dass sie die Bedingung der Möglichkeit der Erfahrungserkenntnis ist. Anders ausgedrückt nach Kant: Solange es Erfahrungserkenntnis geben sollte, **müssten** sich die Kategorien a priori auf die Gegenstände beziehen.

Die Bedingung der Möglichkeit der Erfahrung ist von der Bedingung der Wirklichkeit der Erfahrung zu unterscheiden. Unter der ersteren versteht man die notwendige Bedingung der Erfahrungserkenntnis, während mit der letzteren zugleich die hinreichende Bedingung derselben gegeben wird. Aus der logischen Sicht lautet der Unterschied der beiden folgendermaßen: was als notwendige Bedingung von A gilt, führt von sich allein nicht unbedingt zu A, sondern man sagt diesbezüglich, dass A nicht ohne sie gelte oder die Geltung von A zugleich die Geltung ihrer notwendigen Bedingung bedeute, während die hinreichende Bedingung von A diejenige Bedingung ist, deren Erfüllung notwendigerweise zu A führt.

Indem Kant seine Fragestellung in der transzendentalen Deduktion nur auf die notwendige Bedingung der Erfahrung beschränkt, drückt er eine zurückgehaltene Position gegenüber der radikal auswirkenden Behauptung aus, dass die als notwendige Bedingung ausfindig gemachte Bedingung selbst hinreichend wäre, um die Wirklichkeit oder das Vorliegen der Erfahrungserkenntnis notwendigerweise zu bewerkstelligen. Dem entsprechend darf die apriorische Anwendung der Kategorien keine unbedingte Notwendigkeit beanspruchen, sondern sie ist erst unter der Bedingung namens „wenn die Erfahrung möglich sein sollte" notwendig, nämlich als deren notwendige Bedingung gültig. Anders ausgedrückt kann der Sinn der von Kant vollzogenen transzendentalen Deduktion nicht darin bestehen aufzuzeigen, wie die Kategorien durch seine apriorische Anwendung die Erfahrungserkenntnisse notwendigerweise zustande bringen, sondern allein darin, wie jene in logischem Sinne für das Vorliegen dieser unentbehrlich sind bzw. wie jene für die bloße Möglichkeit dieser notwendig sind.

Aus der obigen Erläuterung lässt sich erschließen, dass die in Kants transzendentaler Deduktion den Kategorien zugesprochene Notwendigkeit für den Nachweis der objektiven Gültigkeit des Erfahrungswissens —insofern man unter dieser das Nicht-anders-sein-kann des Wissens oder die bedingungslose Notwendigkeit der Verbindung versteht— nicht tauglich sein kann, denn die von Kant ausfindig gemachte Notwendigkeit deutet nur auf die logische Abhängigkeit der Erfahrung von ihrer notwendigen Bedingung, anstatt auf die notwendigerweise geschehenen Erzeugung gewisser Erfahrungserkenntnisse durch die Kategorien. Auf die von Kant an anderer Stelle formulierte Frage der transzendentalen Deduktion, *„wie nämlich subjektive Bedingung des Denkens sollte objektive Gültigkeit haben"* (A 89/B 122), kann man Kant zufolge nun folgendermaßen antworten: Die apriorische Anwendung der Kategorien, welche an sich *„subjektive Bedingung des Denkens"* ist, müsse erfolgen, ansonsten würde die Erfahrungserkenntnis unmöglich sein, was für Kant nichtakzeptabel wäre. Insgesamt stellt sich heraus, dass die von Kant versprochene Notwendigkeit der apriorischen Anwendung der Kategorien ein zum Behuf der Gewährleistung der Möglichkeit der Erfahrungserkenntnis gefordertes „Sollen-notwendig-sein" ist, mithin keine ontologische Notwendigkeit bzw. keine Objektivität besitzt[11].

Kant ist tatsächlich dem vorher genannten dritten Problem der Kategorien, nämlich dem Problem der Realität derselben, mit Absicht oder unbewusst ausgewichen und hat anstelle von ihm auf das zweite Problem, nämlich das Problem der apriorischen Anwendung der Kategorien zurückgegriffen, wobei er den Kategorien eben angesichts ihrer apriorischen Funktion einen Charakter der Notwendigkeit zuzuerkennen versucht. Hieran setzt in der Kant-Forschung die Kritik an Kant an, dass er die apriorische Referenz mit dem apriorischen Inhalt der Kategorien, also mit deren Realität (NICHT die vorher besagte Realität der Kategorientafel) verwechselt, wobei der apriorische Inhalt hauptsächlich erklären soll, warum die aus kategorial geleiteter Verbindung hervorgehenden Erkenntnissen den Charakter der Alternativlosigkeit aufweist (d.h. die Erkenntnis könne dem Inhalt nach nicht anders vorliegen, als was ihnen die Kategorien als Regeln vorgeben), während die apriorische Anwendung oder Referenz der Kategorien nur die Unabhängigkeit der Verbindung von der Gegebenheit und deren Spontaneität besagen soll. Näher zu bestimmen ist, inwieweit die apriorisch angewendeten Kategorien nahtlos in die Erkenntnisse eingebettet werden und an die Bestimmung des Erkenntnisinhalts beteiligt sind. Dem Vorwurf zufolge habe Kant einfach an der Stelle, wo der apriorische Inhalt nachzuweisen ist, die apriorische Referenz gestellt, um wiederum das Resultat, das eigentlich allein auf den apriorischen Inhalt der Kategorien zurückgeht, weiterhin geheim behaupten zu können[12].

---

[11] Hier rede ich von der ontologischen Notwendigkeit, weil das Diskussionsobjekt hier die notwendigerweise geschehene Verbindung bzw. die notwendige Existenz der Synthesis ist, erst wodurch die Erkenntnis als Synthesis objektiv gültig sein sollte.

[12] Über die Termini „apriorischer Inhalt" und „apriorische Referenz" des Begriffs liest man bei Peter Plaass: Kants Theorie der Naturwissenschaft, Göttingen, 1965, S. 48-65

1.2.2 Das Wahrheitsproblem und die Dichotomie

1.2.2.1 Die Wahrheit der Erfahrungserkenntnis

Zusammengefasst sieht man bei der transzendentalen Deduktion folgenden Gedankengang: Darauf, dass die Erfahrungserkenntnis möglich sein sollte, folgt die objektive Gültigkeit der Anwendung der Kategorien. Auf diese Notwendigkeit folgt angeblich wieder die objektive Gültigkeit der Erfahrungserkenntnis. In verkürzter Form darf man bei Kants transzendentaler Deduktion also folgendes feststellen: Auf die Möglichkeit der Erfahrungserkenntnis folgt die objektive Gültigkeit derselben. Man gewinnt daher den Eindruck, dass Kant die Objektivität überhaupt als eine Charakterisierung möglicher Erfahrungserkenntnisse implizit annimmt, unabhängig davon, ob sie wahr sind. D.h., solange die Kategorien auf die Anschauung angewendet sind und die Erkenntnisse auch dadurch faktisch aus der Anwendung generiert werden, ganz egal, ob die Wirklichkeit der Erkenntnis, d.h., ob die Erkenntnis **ihrem Inhalt nach,** aus der apriorischen Anwendung der Kategorien als Wahres ableitbar ist, gilt die Erkenntnis bei Kant doch objektiv. Nun stellt sich aber unausweichlich die Frage: Was bedeutet die Aussage, dass die besonderen Erfahrungserkenntnisse, die, wie schon gezeigt wird, selbst weder synthetische Sätze a priori noch ein notwendiges Ergebnis der Anwendung der Kategorien sein können, doch objektiv gültig wären, insofern sie aus der Anwendung der Kategorien faktisch vorliegen könnten? Oder, anders formuliert: Welchen wichtigen Charakter sieht Kant in der aus der Anwendung der Kategorien entstandenen Erfahrungserkenntnis ein, die er gerade ohnehin als objektiv gültig auszeichnen wollte?

Die Erfahrungserkenntnisse, welche Kant in der transzendentalen Deduktion stets als Orientierungspunkt in Sicht behalten hat und um deren Willen die Anwendung der Kategorien angeblich stattfinden muss, sind an sich Urteile, nämlich Aussagen, die Wahrheitswerte besitzen müssen. Das heißt: man muss dem Urteil angesichts des Sachverhalts, den dieses Urteil ausdrückt, entweder den Wahrheitswert „Wahr" oder „Falsch" zuordnen. Die Wahrheit besteht Kant zufolge in der Übereinstimmung „*einer Erkenntnis mit ihrem [in der Anschauung gegebenen] Gegenstand*" (A 58/B 83). Dem zufolge kann eine Erkenntnis den Wahrheitswert „wahr" erst dann bekommen, wenn sie dem sinnlichen Gegebenen gemäß ist. Die Kategorien, deren Funktion in der Ermöglichung der Erfahrungserkenntnis besteht, tragen nach Kant in erster Linie dazu bei, dass sie das in der Anschauung gegebene Mannigfaltige zugunsten des Bewusstseins strukturieren[13], damit es für den Vergleich mit der Erkenntnis geeignet wird. Falls dieser Vergleich überhaupt möglich ist, dann heißt es auch nichts anders, als dass die Wahrheitswerte

---

[13] Vgl. „Alle sinnlichen Anschauungen stehen unter den Kategorien, als Bedingungen, unter denen allein das Mannigfaltige derselben in ein Bewusstsein zusammenkommen kann" (B 143).

besitzende Erkenntnis erzeugt wird. Der Vergleich in diesem Fall wäre vermutlich der zwischen dem propositionalen, aussageförmigen, aber noch nach seinem Wahrheitswert zu beurteilenden Urteil und dem aus der kategorialen Strukturierung der Sinnlichkeit hervorgehenden Urteil – falls es ein solches überhaupt geben könnte.

Hannah Ginsborg vertritt auch die These, dass die Synthesis der sinnlichen Vorstellungen bei Kant schon eine Form des Urteilens darstellt[14]. Die kategoriale Synthesis in der Anschauung sagt also schon ihre entsprechende Erkenntnis implizit aus.

Nach der oben genannten Interpretation ist die Urteilbarkeit der Anschauung, d.h. ihre Auslegbarkeit mittels des Denkens, eindeutig der kategorialen Strukturierung zu verdanken. So kann z.B. die Anschauung durch die Anwendung der Kategorie „Substanz-Akzidenz" Urteilbarkeit aufweisen, indem man das darin befindliche Mannigfaltige in Ansehung des Verhältnisses „Substanz-Akzidenzien" betrachtet. Mit dieser Strukturierung kann nun eine beliebige sinnliche Vorstellung B immer entweder als zu oder als nicht zu gewisser Substanz A gehörig geurteilt werden, woraus dann propositionales Urteil wie „A ist B" oder „A ist nicht B" entstehen kann, wobei A der Substanz und B deren Akzidenz entspricht.

Hätte man z.B. in der strukturierten Anschauung eine Melodie mit der Eigenschaft bzw. Akzidenz „laut" festgestellt, so ist die Erkenntnis „die Musik ist laut" wahr, während „die Musik ist leise" falsch ist. Anscheinend ist diese Erkenntnis, die aus der strukturierten Anschauung erzeugt wird, eine notwendig wahre Erkenntnis. Die Musik ist in diesem Fall wirklich an sich laut. Es handele sich bei dem Urteilen nur darum, die schon begrifflich vorstrukturierte Anschauung mittels der Abstraktion, die Kant zufolge ein empirisches Denken leistet, ins propositionale Urteil zu verwandeln. Solange das empirische Denken *der gesunde Verstand* (Proleg, AA, S. 369) ist, dann ist es sicherlich imstande dazu, wahres Urteil über den durch die apriorische Anwendung der Kategorien konstituierten anschaulichen Gegenstand zu fällen. Es ist daher höchst wahrscheinlich, dass Kant von dieser Überlegung ausgehend die Erkenntnis als objektiv gültig bezeichnet hätte. D.h., die begriffliche Erkenntnis wäre Kant zufolge insofern objektiv gültig, als sie notwendigerweise mit der kategorial konstituierten Anschauung übereinstimmte und somit notwendigerweise wahr wäre.

---

[14] Vgl. Hannah Ginsborg: „Lawfulness without a law", in: Philosophical Topics 25, 1997, S. 37-81.

1.2.2.2 Die problematische Realität der Erfahrungserkenntnis

Um die Unzulänglichkeit dieser Objektivitätsauffassung zu beleuchten, braucht man nur ein Beispiel zu betrachten: Ein Mann hört Mozarts Musik in einer hohen Lautstärke und sitzt zugleich vor einer rot gestrichenen Wand, so dass er zumindest zugleich die beiden Empfindungen „laut" und „rot" erhält. Nun wird er nach gewöhnlichem Kriterium wahre Erkenntnisse wie „die Musik ist laut" oder „die Wand ist rot", anstatt Urteilen wie „die Musik ist rot" oder „die Wand ist laut" haben. Man kann sagen, dass die ersteren Erkenntnisse wahr, während die letzteren Urteile falsch sind, denn jene der Anschauung des Gegenstands entsprechen, während die letzten eben nicht. Die Frage lässt sich aber aufstellen: Was entscheidet darüber, dass in der Anschauung gerade eine laute Musik statt einer roten Musik konstituiert wird? Warum ist in der Anschauung ausgerechnet jene Verbindung statt dieser stattgefunden?

Falls konkrete Verbindungen in der Anschauung nur zufällig wären, dann heißt es nichts anders, als dass die Erkenntnis ihren grundsätzlichen Anspruch, die Realität der äußeren Welt zu widerspiegeln, völlig aufgäbe. Das Erkennen wäre nur ein Spiel des Denkens mit sich selbst, indem es zuerst aus dem Mannigfaltigen der Vorstellungen durch willkürliche Verbindung einen gleichfalls kontingenten Gegenstand, z.B. eine rote Wand konstituiert, wozu die Vorstellung „rot" als deren Modifikation gehört, und dann die Hervorbringung der notwendig wahren Erkenntnis, dass die Wand rot sei, dem diskursiven Denken überlässt. Es würde sich nämlich herausstellen, dass es sich bei der Wahrheit der Erfahrungserkenntnis nur um die Übereinstimmung des reinen verbindenden Verstands mit dem empirischen Denken handelt. Die äußere Realität aber, die in diesem Szenario durch das gegebene Mannigfaltige von Empfindungen, wie „laut", „rot" etc. gegeben wird, wird in der Erkenntnis stets einer Überholung oder Reorganisation durch den Verstand ausgesetzt, so dass man sich nicht sicher sein kann, ob oder inwiefern eine Erkenntnis, wie z.B. „die Musik ist laut", trotz ihrer unbestrittenen Wahrheit es noch mit der äußeren Realität zu tun hat. In Ansehung der Repräsentation der durch die Empfindungen gegebenen Realität wären Urteile wie „die Musik ist laut" ebenso wenig begründet wie das gewöhnlich für absurd gehaltene Urteil „die Musik ist rot".

Man könnte gegen diese Kritik an Kant einwenden, dass Kants Erkenntnistheorie niemals an eine äußere Realität als irgendein subjektunabhängiges Wahrheitsideal zu halten beanspruche, und im Gegensatz dazu, Kant die Meinung vertrete, dass Menschen ausschließlich die Erscheinung bzw. die *„Phänomena"* (B 294) statt des Dings an sich bzw. der *„Noumena"* (B 294) erkennen könnten. Um erkannt zu werden, müsse der Gegenstand vorab durch die Anschauungsformen und die Denkungsformen geformt werden, sodass man ihn tatsächlich auch niemals so erkennen könne, wie er an sich ist, sondern bloß seine Erscheinung in diesen subjektiven Formen erkenne. Das diskursive Denken habe bei dem Erkennen nichts anders als die Erscheinung zum Gegenstand, die keiner gediegen äußeren Realität entspreche und entsprechen müsse. Dieses anscheinend Recht habende Verfechten der Kantschen Position hat meines Erachtens ihre Intention missverstanden und verzerrt.

Daraus, dass unsere Erfahrungserkenntnis nur die über die Erscheinung ist, folgert man nicht, dass unsere Erkenntnis bloße Fantasie oder die über den Schein ist. Kant erwähnt ausdrücklich in der Vorrede zur 2. Auflage der Kritik (B XXVI f.), dass die Erscheinung doch Erscheinung von etwas, d.h., Erscheinung von Ding an sich sei. Obwohl die Erscheinung ihrem Inhalt nach nicht direkt eine Repräsentation des Dings an sich ist, ist sie doch ein Resultat der *"Wirkung eines [transzendentalen] Gegenstands auf die Vorstellungsfähigkeit, sofern wir von demselben affiziert werden"* (A 19/B 34). D.h., ontologisch gesehen entstammt die Erscheinung doch aus einer äußeren Realität, die durch ihre affizierende Wirkung unsere Vorstellungsfähigkeit erst zum Vorstellen veranlasst und die darauf aufgebaute Erkenntnis erst ermöglicht.

Davon ausgehend gehören die Empfindungen, die unmittelbar auf die Affektion durch Ding an sich entstehen und noch nicht durch das Denken bearbeitet werden, eindeutig zur Erscheinung des Dings an sich, während die schon durch die Kategorien strukturierte Anschauung, auch wenn sie noch zur Sinnlichkeit gehört und somit Erscheinung genannt werden mag, dem Ding an sich viel ferner liegt als die einfache Empfindung. Ein gleicher Grad von ontologischer Gewissheit wie die von dem Ding an sich genießt ausschließlich die Empfindung, denn sie geht teilweise aus der *"Empfänglichkeit"* des Erkenntnisvermögens (B129) hervor, nämlich als Quasi-Produkt des unmittelbaren Affiziert-Werdens durch das Ding an sich, während die Synthetisierung der Empfindungen völlig der Spontaneität des Denkens zu verdanken ist. Falls das Denken überhaupt den Anspruch erhöbe und erheben müsste, äußere Realität zu fassen, müsste er es irgendwie unmittelbar mit den Empfindungen zu tun können, anstatt bloß an die schon durch den Verstand strukturierte und damit von ihm abgeänderte Sinnlichkeit zu operieren[15].

Kant setzt für seine *Kritik* den Teil der transzendentalen Ästhetik, die der Erörterung der Sinnlichkeit gewidmet ist, voraus, nicht nur deswegen, weil die Erkenntnis mannigfaltigen Inhalt haben muss, ohne welchen zu empfangen die darauf folgenden Gedanken *"leer"* (A 51/B 75) wären, sondern auch weil das Denken mit dem *"Datum"* (A 41/B 58) der äußeren Welt operieren soll, damit es etwas über die äußere

---

[15] Das bedeutet nach Hegel, dass die Kategorien, als Grundfunktionen des Denkens, nicht lediglich formal in der Verbindung und Organisation des sinnlichen Inhalts sein dürfe, sondern auch Inhalt der Sinnlichkeit, zwar in Übereinstimmung mit Schemata der Anschauung, direkt bestimmen müsse: „Auf jenen Unterschied von Subjektivität und Objektivität kommt also überhaupt nichts an, sondern der Inhalt ist es, worauf es ankommt, und dieser ist eben sowohl subjektiv als auch objektiv" (Enzy, §42, Zusatz 3). „Es werden den Gegenständen dadurch, daß ihre Einheit [bloß als formale Einheit] in das Subjekt verlegt wird, die Realität entzogen" (Enzy, § 42, Zusatz 3).

Realität sagen kann. Anders ausgedrückt: Durch die Sinnlichkeit wird nicht bloß überhaupt Etwas als Inhalt dem Denken überliefert, sondern auch etwas Reales, ohne welches der Gegenstand der Erkenntnis keine ontologische Gewissheit besäße und die Erkenntnis zu reiner Fantasie herabgesetzt wäre.

Da der konstituierte Gegenstand in der Anschauung, wie gesagt, notwendigerweise mit dem Erfahrungsurteil übereinstimmt, so muss – falls die Übereinstimmung und somit auch die Wahrheit des Urteils noch realitätsrelevant sein sollten – außerdem eine apriorische Übereinstimmung zwischen den realistisch beladenen Empfindungen und dem konstituierten Gegenstand in der Anschauung bestehen. Das scheint aber aufzufordern, dass die Empfindungen selbst apriorisch eine Synthesis enthalten, so dass es bei der durch den Verstand vollzogenen Synthesis nicht um eine Änderung der Empfindungen, die als solche der Realität fremd wäre, sondern lediglich um eine mutmaßliche Quasi-Umordnung der in den Empfindungen enthaltenen Realität geht[16]. Alsdann fällt man Urteile wie „die Musik ist laut" anstatt „die Musik ist rot" nur deswegen, weil auch die ursprüngliche Sinnlichkeit gerade die komplexe Realität „eine laute Musik" enthält, statt lediglich einzelner atomarer Empfindungen, wie der Vorstellung „Musik", „laut" etc. Man braucht erst mit dieser Position nicht mehr mit der Frage konfrontiert zu werden, aus welchem Grund die im Nachhinein (nämlich nach dem Gegeben-Werden der Empfindungen) auftretende Verbindung gerade so beschaffen sei. Die Verbindung produziert nämlich nichts Neues, sondern bestimmt die Sinnlichkeit nur so, wie sie an sich ist.

1.2.3 Die unbefugte Annahme der Dichotomie

Diese skizzierte theoretische Aussicht ist aber infolge des Grundrahmens der Kantschen theoretischen Philosophie, nämlich der Dichotomie von Verstand und Sinnlichkeit, schwer einzulösen. Unter dieser Dichotomie versteht man Kants These, dass der Verstand und die Sinnlichkeit zwei grundsätzlich verschiedene und wechselseitig irreduzible (Vgl. A 271/ B 327) Erkenntnisvermögensarten sind, *„durch deren ersteren uns Gegenstände gegeben, durch den zweiten aber gedacht werden"* (B 29). Uns ist durch die Sinnlichkeit das Mannigfaltige der Vorstellungen gegeben. *„Allein die Verbindung (conjunctio) eines Mannigfaltigen überhaupt, kann niemals durch Sinne in uns kommen, und kann also auch nicht in der reinen Form der sinnlichen Anschauung zugleich mit enthalten sein; denn sie ist ein Aktus der Spontaneität der Vorstellungskraft"* (B 129-B 130). Kants Position ist eindeutig, dass weder das Mannigfaltige ein an sich verbundenes Mannigfaltiges ist noch die einzelnen Vorstellungen darin jeweils an sich schon Synthesis enthalten können.

---

[16] Vgl. Sophia Maddalena Fazio: „Ist Hegels Kritik am Objektivitätsanspruch der kantischen Kategorien gerechtfertigt?", in: Hegels Antwort auf Kant, De Gruyter, Berlin, 2017, S. 151-153. Die Autorin hat in ihrem Aufsatz ebenfalls unter dem Gesichtspunkt der Wahrheitsdefinition das Dichotomie-Problem bei Kant exponiert.

Insgesamt skizziert Kant uns ein Bild der Dichotomie von Erkenntnisvermögen, die nicht bloß in der Dichotomie von „*Rezeptivität*" (B 33) und „*Spontaneität*" (B 75), sondern auch in der Dichotomie von Unverbundenheit und Synthesis gegründet ist. Was durch die Sinnlichkeit gegeben ist, müsste ein Unverbundenes, also dürfte keine Synthesis sein. Wäre nun im Rahmen der Dichotomie in der Vorstellung schon Synthesis vorhanden, dann wäre sie nicht mehr durch die Sinnlichkeit gegeben worden, sondern sie wäre ein eigenes Produkt des Verstands, was nach der vorherigen Analyse weiterhin nichts anders bedeutet, als dass sie gar keine äußere Realität aufwiese. Denn ein die äußere Realität direkt fassender Verstand wäre Kant selber zufolge ein archetypischer Verstand, während unserer menschlicher allein ein ektypischer, nämlich diskursiver und nicht-anschaulicher Verstand ist[17].

Von der Dichotomie ausgehend ist das Wahrheitskriterium, das in der Übereinstimmung des Denkens mit der Anschauung besteht, mit der Aufforderung, dass die Wahrheit die in der Sinnlichkeit gegebene äußere Realität widerspiegelt, unmöglich versöhnlich. Entweder gibt man zu, dass es die äußere Realität gibt, die in Form von Empfindungen uns sinnlich gegeben wird, aber wegen der grundsätzlichen Verschiedenheit der Sinnlichkeit zum Verstand in der wahren Erkenntnis nicht erfasst wird, oder definiert man die durch die Kategorien synthetisierte Anschauung als die einzige in Frage kommende Sinnlichkeit, die mit der diskursiven Erfahrungserkenntnis notwendig übereinstimmt, aber auf keine eigenständige Realität Bezug nehmen kann. Kurzum: Es gibt im Rahmen der Dichotomie keine Anschauung, die sowohl realitätsrelevant ist als auch mit dem Denken übereinstimmt. Das Resultat ist klar: Wegen Kants Grundposition der Dichotomie bleibt es nach wie vor unklar, aus welchem Grund Kant der Erfahrungserkenntnis objektive Gültigkeit zuspricht, die man nach vorheriger Analyse sowohl als „wahr" wie auch als realitätsbezogen verstehen soll.

Die Dichotomie als eine ungerechtfertigte Grundannahme der Kantschen Philosophie ist nicht nur für das gerade behandelte Wahrheit-und Realitätsproblem verantwortlich, sondern liegt der Schwierigkeit der transzendentalen Deduktion selber auch zugrunde. Kant wollte nämlich die apriorische Anwendung der Kategorien, die ursprünglich eine subjektiv gültige Bedingung des Erkenntnisvermögens ist, durch die Deduktion irgendwie als notwendig, nämlich zugleich als eine objektiv gültige Bedingung nachweisen. Dennoch ist Kant letztendlich mit einem peinlichen Problem konfrontiert: Die Notwendigkeit, der er nachgeht und die er glaubt erwiesen zu haben, kommt eigentlich aus der unbefugten impliziten Definition der apriorischen Beziehung der Kategorien selbst. Anders ausgedrückt ist die Anwendung der Kategorien gemäß der transzendentalen Deduktion deswegen notwendig, weil es in der Definition der Ka-

---

[17] Vgl. Kant: Kritik der Urteilskraft, B 351/A 347 (S. 362), Band 10, Werke in 12 Bänden, Suhrkamp, 1974

tegorien selbst liegt, dass ihre apriorische Anwendung für die Möglichkeit der Erfahrung notwendig sei, indem die Kategorien Verbindungsweisen des gegebenen unverbundenen Mannigfaltigen sind.

Kant scheint durch das Spielchen des Wortes, das er selber erfindet, betäubt zu werden. Den gleichen Eindruck gewinnt man, wenn man die transzendentale Deduktion von der Dichotomie her genauer betrachtet: Kant betrachtet die Erfahrungserkenntnis mit Recht als ein synthetisches Urteil a posteriori, das in der Synthesis der in der Anschauung gegebenen Vorstellungen besteht. Dennoch nimmt er unbefugt an, dass diese Synthesis, qua *„synthesis intellectualis"* (B 151), ausschließlich durch den Verstand im Nachhinein vollzogen werden kann, was eine spontane Leistung des Denkens fordert, anstatt dass die Synthesis der Vorstellungen als solche ursprünglich in der Sinnlichkeit selber enthalten sein dürfte. Die von Kant in § 24 thematisierte wichtige Konzeption einer *„synthesis speciosa"* verdankt sich für ihre Möglichkeit zwar der Einbildungskraft, die zur Sinnlichkeit gehört, aber sie ist doch *„eine Ausübung der Spontaneität"*, *„welche bestimmend, und nicht, wie der Sinn, bloß bestimmbar ist"* (B 151). Um eine Erfahrungserkenntnis zu haben, müsse dann das gegebene Mannigfaltige doch zuerst mithilfe der Spontaneität des Verstands miteinander verbunden werden. Eben darin besteht nach Kant die Notwendigkeit der Anwendung der Kategorien, die er in der transzendentalen Deduktion nachweisen will.

Eine rhetorische Frage heißt nun: falls Kant es unproblematisch und sogar nötig sieht, alle Synthesis von der Sinnlichkeit auszuschließen, was diese zur reinen Rezeptivität macht, warum dürfte er nicht mit gleicher Berechtigung annehmen, dass die apriorische Anwendung der Kategorien einfach notwendig sei? Was anders besagt die transzendentale Deduktion der Kategorien? In einem Wort: Die Anwendung der Kategorien ist eigentlich schon mit Kants Annahme der Dichotomie notwendigerweise vorausgesetzt: das angeblich ursprünglich unverbundene Mannigfaltige **muss** doch zum Behuf der Erkenntnis, die eine Synthesis erfordert, verbunden werden. Kant scheint diese wirkliche Quelle der Notwendigkeit der Anwendung der Kategorien, die eher von seinem dichotomischen Rahmen bedingt ist, nicht einzusehen und glaubt, wie schon erwähnt, aus der eigentlich bloß angenommenen Notwendigkeit der Anwendung der Kategorien wiederum die objektive Gültigkeit der Erfahrungserkenntnis dartun zu können, als hätte er vergessen, dass er die Notwendigkeit der Kategorien allererst aus der Möglichkeit der Erfahrungserkenntnis ableitet. Aber wieder wegen der Realitätsproblem der Erkenntnis darf Kant eigentlich nicht ohne weiteres aus möglicher (wahrer) Erkenntnis ihre objektive Gültigkeit folgern. Dieser Schwierigkeit liegt, wie vorher erwähnt wird, die Dichotomie von Sinnlichkeit und Verstand zugrunde.

1.2.4 Raum und Zeit unter der Dichotomie

Kants Position der Dichotomie veranlasst auch Schwierigkeit und Streit in der Interpretation seiner Anschauungslehre.

Raum und Zeit erfüllen bei Kant zweifache Funktionen: sie sind zum einen die Anschauungsformen, als Bedingung für die subjektive Empfänglichkeit des Mannigfaltigen der Empfindungen. Raum und Zeit sind daher die Art und Weise, wie Empfindungen uns gegeben sind. Zum anderen können Raum und Zeit selber mit Bewusstsein vorgestellt werden und Gegenstand der formalen Anschauung ausmachen. Diese hängt mit der empirischen Anschauung des in den Anschauungsformen Zeit und Raum gegebenen Mannigfaltigen so zusammen, dass dieses gleich wie Raum und Zeit ebenfalls „*mit der Bestimmung der Einheit dieses Mannigfaltigen in ihnen a priori vorgestellt*" (B 160) werden muss. Die zweite Funktion drückt den Aspekt der Spontaneität der Sinnlichkeit aus, nämlich dass die Erzeugung der empirischen Anschauungen, in der das gegebene Mannigfaltige als Erscheinung apprehendiert wird, teilweise dem Akt des Subjekts zu verdanken ist, obwohl die Veranlassung derselben wieder auf den ersten Aspekt der Sinnlichkeit, nämlich die Rezeptivität verweist. Der Inhalt der Sinnlichkeit müsse also zunächst in der Passivität gegeben und dann anhand der figürlichen Synthesis in einer empirischen Anschauung aufgenommen werden.

Dazu muss eine Anmerkung gemacht werden: Wie gesagt darf man bedauerlicherweise nicht auf den Gedanken kommen, dass Kant gemeint hätte, dass das in der Anschauung gegebene Mannigfaltige als solches, nämlich das vermeintlich bloß rezeptiv erhaltene Mannigfaltige, eine Synthesis besäße. Mit anderen Worten: Es handelt sich für Kant bei den oben genannten beiden Funktionen von Raum und Zeit um zwei eigenständige und abtrennbare Funktionen, die für ihre eigene Möglichkeit nicht aufeinander angewiesen sind, obwohl sie notwendigerweise in der empirischen Anschauung zusammentreffen.

John Mcdowell weist den Vorwurf, dass Kant der in der transzendentalen Ästhetik dargestellten Bedingung der Erfahrung, nämlich den Anschauungsformen von Raum und Zeit, eine unabhängige Funktion der Rezeptivität gewähre, zurück, indem er auf die Fußnote auf B 160 der *Kritik* verweist[18]. Was Kant dort gesagt hat, zeugt aber nur davon, dass es bei den Anschauungsformen und der formalen Anschauung um denselben Raum und dieselbe Zeit, oder um dieselbe Einheit von Raum-Zeit geht (vgl. B 160, Fußnote). Dennoch verfügt dieselbe Einheit auch in der zitierten Stelle über zwei voneinander unabhängige Funktionen: einmal um die Gegebenheit des Mannigfaltigen, wobei „*die Form der Anschau-*

---

[18] S. John Mcdowell: „Hegels Idealismus als Radikalisierung Kants", in: Die Welt im Blick, Aufsätze zu Kant, Hegel und Sellars, Suhrkamp Verlag, Berlin, 2015, S. 112-113

ung bloß Mannigfaltiges...gibt" (B 160, Fußnote), und andermal um das Mannigfaltig, samt den reinen Formen von Raum und Zeit selbst, als Einheit bewusst zu machen. Das Mannigfaltige an sich müsse also Kant zufolge doch nicht zuerst eine Einheit haben, um gegeben zu werden bzw. es gebe ein unabhängig von der zweiten Funktion mögliches Mannigfaltiges, das als unverbundenes Mannigfaltiges durch die Anschauungsformen von Raum und Zeit gegeben wird. Mcdowell hat wohlwollend nicht erkannt, dass bei Kant die bewusst gemachte Einheit von Raum und Zeit nicht der Einheit der Anschauungsformen und der Möglichkeit des in ihnen gegebenen Mannigfaltigen zugrundliegt und daher ohne weiteres Kant eine Interpretation auferlegt, die zwar an sich eine plausible antidichotomische Position ist, aber Kants eigener Intention nicht gerecht sein kann. Mcdowell selber vertritt nämlich zwar eine sachlich richtige Position zu der Anschauungstheorie, nämlich dass die transzendentale Ästhetik keine von dem Verstand unabhängige Bedingung der möglichen Erfahrung liefern soll, dennoch ist seine Verfechtung von Kant nicht haltbar, denn Kant hat gerade ihren Gegenteil gemeint, nämlich dass die Gegebenheit des ursprünglich unverbundenen Mannigfaltigen durch Raum und Zeit möglich ist.

Meine eigene Abhandlung zielt darauf ab, sowohl zu zeigen, dass Kant tatsächlich eine Unterscheidung der zwei Funktionen von demselben Raum und derselben Zeit getroffen hat, sodass er damit genau der in der transzendentalen Ästhetik angegebenen Bedingung von Raum und Zeit als Anschauungsformen Eigenständigkeit gewährt, wie auch darzulegen, dass kein Mannigfaltiges gegeben werden kann, außer wenn Raum und Zeit selber in der reinen Anschauung bewusst gemacht wird und Einheit aufweist, sodass gegebenes Mannigfaltiges in Raum und Zeit schon ursprünglich eine Synthesis aufweist. Es gibt keinen erst nachträglich vollzogenen Schematismus des Zeitlichen, worin sich das vermeintlich vorab in Raum und Zeit gegebene unverbundene Mannigfaltige einpassen müsste. Die beiden besagten Funktionen von Raum und Zeit sind wesentlich aufeinander bezogen und faktisch voneinander unzertrennlich.

Nach Kant ist die sinnliche Anschauung selbst zunächst unbewusst und die Anschauungsformen Raum und Zeit enthalten ein bloß *„Mannigfaltiges der reinen Anschauung a priori"* (B 102), welches ein völlig unverbundenes Mannigfaltiges bedeutet[19]. Erst mit der nachkommenden Bewusstmachung der sinnlichen Anschauung, nämlich erst mit dem Beitritt der transzendentalen Zeitbestimmung oder des Schematismus finde auch die figürliche Synthesis des Mannigfaltigen der reinen Anschauung und die empirische Anschauung wirklich statt. Mit der Auffassung, dass die Synthesis des vorab existierenden raumzeitlichen Mannigfaltigen erst im Nachhinein stattfinde und den Anschauungsformen somit zwei

---

[19] Darauf, warum das Mannigfaltige der reinen Anschauung a priori das völlig unverbundene Mannigfaltige in der Anschauung bedeutet, werde ich später ausführlicher eingehen.

ganz verschiedene Rollen zukommen, ist Kant seinem Standpunkt der Dichotomie treu geblieben, denn Kant hält dadurch offensichtlich ein ursprünglich unverbundenes Mannigfaltiges in Raum und Zeit für möglich[20], das daraufhin unmittelbar durch die Einbildungskraft und mittelbar durch den Verstand zu verbinden ist.

1.2.5 Das Verständnisproblem der Synthesis der A-Deduktion unter der Dichotomie

Es wird im Folgenden aufgezeigt, dass von dem Standpunkt der Dichotomie ausgehend Kants Argumentation in der A-Deduktion nicht wirklich verstanden werden kann. Anders ausgedrückt ist die von der Dichotomie veranlasste theoretische Inkonsequenz in der A-Deduktion im Vergleich zur B-Deduktion noch deutlicher bemerkbar. Kants Ausführung der A-Deduktion besteht hauptsächlich darin, darzulegen, wie die Kategorien als Regeln der Synthesis sinnlicher Vorstellungen fungieren (vgl. A 103 ff.). Die erste Synthesis z.B., nämlich die der *„Apprehension in der Anschauung"* (A 98 ff.), solle Kant zufolge nur stattfinden, *„damit* nun aus diesem Mannigfaltigen Einheit der Anschauung werde" (A 99). D.h., die Synthesis dient als ein unentbehrliches Mittel zur Bewerkstelligung der Einheit der Anschauung.

Die Synthesen von der ersten bis zur dritten Stufe weist einen Aufstiegsprozess auf. Dabei kommt jeder Synthesis lediglich ein „Müssen" zum Gelang an höhere Stufe, anstatt eines „Können" zu. Das bedeutet, dass die erste Synthesis zwar eine notwendige Bedingung für die zweite und dritte Synthesis ist, dennoch es dabei unklar bleibt, wie das unverbundene Mannigfaltige überhaupt zur ersten Synthesis fähig sein kann. Um die Pointe vorwegzunehmen: Es fehlt wegen der Dichotomie Kants in seiner A-Deduktion die Dimension, die aufzeigen soll, dass die Synthesis der Anschauung eigentlich **von** der dritten, d.i. *„der Synthesis der Rekognition im Begriffe"* (A 103) hervorgebracht, anstatt bloß **für** dieselbe bestimmt wird. Angesichts der Dichotomie der Sinnlichkeit und des Denkens kann der Verstand aber kein Mannigfaltiges in der Sinnlichkeit bewirken, so dass es fraglich ist, wie das Mannigfaltige überhaupt in einer ersten Synthesis aufgenommen werden kann, die stufenweise zu der dritten Synthesis führt.

Kant nimmt das Vermögen der produktiven Einbildungskraft an, in der Hoffnung, das „Können" der Synthesis als in einem Faktum des menschlichen Vermögens gegründet annehmen zu können. Aber dafür hat Kant neben dem Verstand eben zusätzlich ein synthetisierendes Vermögen der Einbildungskraft anzunehmen, das als Vermittlung zwischen der Sinnlichkeit und dem Denken, zwischen dem unverbun-

---

[20] Kants Problem besteht darin, dass er die Unverbundenheit des **bereits in Raum und Zeit befindlichen** Mannigfaltigen erlaubt. Es mag möglich sein, dass es ein Mannigfaltiges gäbe, das weder gebunden ist noch in Raum-Zeit befindet. Es mag auch möglich sein, dass es Unbewusstes in Raum und Zeit gibt, aber dieses doch als prinzipiell verbunden gelten soll. Anton F. Koch nennt das letztere den Ursachverhalt. Vgl. Koch: Wahrheit, Zeit und Freiheit. zweite Auflage, Münster, 2013. S.36-38.

denen Mannigfaltigen und der Einheit der Begriffe gilt. Sie setzt sich als solche in der Tat der Position der Dichotomie implizit entgegen. Davon zeugt folgendes Zitat Kants: *„Da nun alle unsere Anschauung sinnlich ist, so gehört die Einbildungskraft...zur Sinnlichkeit; sofern aber doch ihre Synthesis eine Ausübung der Spontaneität ist, ... so ist die Einbildungskraft ein Vermögen, die Sinnlichkeit a priori zu bestimmen, und ihre Synthesis der Anschauung... muss die transzendentale Synthesis der Einbildungskraft sein, welches eine Wirkung des Verstandes auf die Sinnlichkeit ...ist."* (B 151- B 152) Kant hat also nicht aufgezeigt und kann auch nicht aufzeigen, wie bloß im Rahmen der Dichotomie die Synthesis der Anschauung vom Verstand bewirkt werden kann, sondern hat eine Zuflucht hinter der Annahme der Einbildungskraft genommen. Da diese eigentlich nicht mit einem dichotomischen Rahmen kompatibel ist, gerät letztendlich auch die Einbildungskraft ins Schwanken zwischen der Sinnlichkeit und dem Verstand. Auf die Problematik der Einbildungskraft wird noch im letzteren Teil der Abhandlung eingegangen werden.

Man könnte vermeinen, dass die Synthesis des Mannigfaltigen nichts anders als die Ganzheit desselben wäre, d.h., sie lediglich aus der Kumulation bzw. der Häufung des Mannigfaltigen bestünde, so dass das unverbundene Mannigfaltige in dieser Weise aus sich selbst eine Synthesis aufweisen könnte. Diese wäre dann die Ganzheit des Mannigfaltigen von Basiseinheiten, die miteinander nichts gemeinsam haben und voneinander so isoliert sind, dass sie in diesem Sinne *atomare Einheiten*[21] genannt werden. Dieses Konzept vom sinnlichen Mannigfaltigen erinnert stark an Leibniz' Monaden, die die „fensterlosen" metaphysischen Substanzen sind.

Die Schwierigkeit dieser Interpretation besteht zunächst im Verständnis der atomaren Vorstellungen selbst. Auf der empirischen Ebene, nämlich im Sinne der Psychologie ist es höchstens zweifelswert, die Existenz der Basisvorstellungseinheiten zu behaupten. Eine anscheinend einfache Vorstellung, z.B. ein Haus, kann sowohl räumlich als auch zeitlich auf noch einfachere Vorstellungen reduziert werden: Räumlich ist ein Haus ein aus seinen Bestandteilen zusammengesetztes Ding, d.h. nicht an sich basal ist; Zeitlich gesehen ist es ein anthropologisch-und neurologisches Thema, zu erörtern, was für eine minimale Zeitspanne das Gehirn braucht, um auf Basis des Informationsaustausches mit der äußeren Welt eine einheitliche vollständige Vorstellung zu erzeugen. Theoretisch ist es möglich, dass mit der unendlichen Teilbarkeit der Zeitspanne jede vermeinte Vorstellungseinheit, die sich in der Zeit vollzieht, tatsächlich weiter geteilt werden kann. Es dürfte darüber hinaus vom Individuum nach Individuum ver-

---

[21] Trotz Kants Kritik des Sinnesdatenatomismus vertritt er meines Erachtens selber eine Version von ihm. Vgl. Anton Friedrich Koch: „Kants Kritik des Sinnesdatenatomismus im zweiten Teil der B-Deduktion", in: prima philosophia 5 (1992), S. 113-127, und Hansgeorg Hoppe: Synthesis bei Kant. Das Problem der Verbindung von Vorstellungen und ihrer Gegenstandsbeziehung in der „Kritik der reinen Vernunft", de Gruyter, Berlin, 1983, S. 63, 179

schieden sein, was eine Vorstellungseinheit genannt werden kann. Für eine abgelenkte Person könnte z.B. ein tatsächlich winzig bewegendes Blatt stillstehend aussehen, sodass der Einblick eines stillen Blattes in diesen Zeiten eine Vorstellungseinheit ausmachen könnte; dennoch könnte die Bewegung des Blatts von einer anderen Person genau als solche wahrgenommen werden, so dass die Vorstellung eines bewegenden Blattes für sie wieder in verschiedene Teilvorstellungen geteilt werden könnte.

Bei der Annahme der atomaren Vorstellungen ist man auch mit der Unmöglichkeit der Synthesis des Mannigfaltigen konfrontiert, die Kant zufolge der Einheit der Anschauung dienen sollte. Kant könnte eine jede atomare Vorstellung in dem Mannigfaltigen *„absolute Einheit"* (A 99) genannt haben, denn jene ist wie diese nur *„in einem Augenblick enthalten"* (A 99). Jede Vorstellung besteht nämlich nur in ihrem eigenen Augenblick und verschwindet dann. In diesem Sinne ist das Mannigfaltige von derartigen Einheiten genau ein unverbundenes. Nach Kant sind für die Synthesis der absoluten Einheiten *„erstlich das Durchlaufen der Mannigfaltigkeit und dann die Zusammennehmung desselben"* (A 99) notwendig. Allein ist für ein Mannigfaltiges der atomaren Vorstellungen weder das Durchlaufen noch ihre Zusammennehmung in der Anschauung möglich, denn sie haben, wie gesagt, nichts mit anderen gemeinsam, sodass es keine einheitliche Anschauung von ihnen bzw. keine einheitliche Operation auf sie geben kann, die gleichzeitig auf jede atomare Vorstellung Bezug nähme. Mit anderen Worten: Die Anschauung in der *„Synthesis der Apprehension"* (A 98 ff.) kann unmöglich – allenfalls nur mit Kontingenz – alle atomaren Vorstellungen zugleich in eine Einheit aufnehmen, denn diese teilen nach Kant ursprünglich auch keine Einheit miteinander.

Es gibt eine andere versuchte Interpretation für die Erzeugung der Einheit in dem unverbundenen Mannigfaltigen[22]: das unverbundene Mannigfaltige sei selbst als Ganzes schon eine komplexe Vorstellung. Es heißt ein unverbundenes, da es zunächst eine innerlich undifferenzierte Einheit sei, so dass auch keine Synthesis in ihm konstatiert werde. Es werde endlich zur Einheit der Anschauung, indem es bewusst gemacht werde. Diese Interpretation geht also davon aus, Unverbundenheit mit Unbewusstsein, Synthesis mit Bewusstsein der komplexen Einheit identisch zu setzen. Dennoch gibt sie nicht an, warum das Bewusstsein dazu imstande ist, die unverbundene komplexe Vorstellung aus ihrer ursprünglichen Undifferenziertheit und Unverbundenheit herauszuholen. Spielt hier das Bewusstsein die Rolle irgendeiner magischen Kraft oder göttlicher Offenbarung? Aufgrund von derartigen Fragen, die nicht weiter beantwortet werden können, kann diese Interpretation das Problem des unverbundenen Mannigfaltigen nicht wirklich beseitigen.

---

[22] Vgl. Beatrice Longuenesse, Kant and the capacity to judge, Princeton, 1998, S. 38 u. 271f.

Insgesamt kann man nicht verstehen, wie von einem Mannigfaltigen, das aber vollständig unverbunden ist, allein durch eine von außen synthetisierende Operation zur Einheit der Anschauung übergegangen sein kann. Hingegen müsste vielmehr in dem Mannigfaltigen die Synthesis immer schon vorhanden gewesen sein. Die aktuelle Kant-Studien hat in Anschluss an Kants eigenen Hinweis (Vgl. A 97) darauf bestanden, dass es bei der A-Deduktion *„genau genommen nicht um drei Synthesen, sondern um eine dreifache Synthesis, also um drei Aspekte derselben Synthesis"*[23] geht. Mit dieser zweifellos antidichotomisch klingenden Interpretation wird die erste Synthesis nicht nur zur zweiten Synthesis übergeleitet, sondern setzt auch diese voraus: das Durchlaufen und die Zusammennehmung des Mannigfaltigen würde unmöglich sein, wenn dieses vorab nicht schon durch die zweite Synthesis, d.i. die *„Synthesis der Reproduktion in der Einbildung"* (A 100) zur Einheit bestimmt würde. Es gibt keinen allerersten Anfang der Verbindung der mannigfaltigen sinnlichen Vorstellungen, sondern das Mannigfaltige muss schon als ein verbundenes Mannigfaltiges – u.a. durch die reproduzierende Einbildungskraft – sinnlich gegeben werden, ansonsten würde auch überhaupt gar keine nachträgliche Synthesis der Apprehension möglich sein.

Die dritte Synthesis, d.i. die *„Synthesis der Recognition"* (A 103 ff.) ist Kant zufolge dafür bestimmt, das Mannigfaltige weiterhin zur begrifflichen Einheit der Erkenntnis zu synthetisieren. Man soll nun laut dem soeben Gesagten sie so verstehen, dass, solange das Mannigfaltige zum Behuf der Möglichkeit der Erkenntnis überhaupt der Synthetisierung unterliegen soll, wie Kant nachdrücklich und richtig betont, die begriffliche Einheit als ein immanenter Aspekt des Mannigfaltigen gelten soll, anstatt dass diesem die Synthesis der Rekognition erst im Nachhinein bzw. auf der dritten Stufe durch den spontanen Akt des Verstands zukommt, wie Kant irrführend darauf hinzuweisen scheint.

1.3 Die Berichtigung der Kantschen Transzendentalphilosophie durch die Überwindung der Dichotomie

1.3.1 Der Verstand als immanentes Moment der Anschauung

Von der Einsicht ausgehend, dass jede sinnliche Vorstellung, anstatt eine atomare Vorstellung zu sein, schon selbst eine Synthesis bzw. komplexe Einheit darstellt, droht nun der Sturz von Kants transzendentaler Deduktion der Notwendigkeit der Kategorien für die mögliche Erkenntnis, denn es kann wie gerade dargestellt nicht sein, dass das Mannigfaltige ursprünglich unverbunden sei und trotzdem zum Behuf

---

[23] Marcus Willaschek, Jürgen Stolzenberg, Georg Mohr, Stefano Bacin (Hrsg.): Kant Lexikon, Band 1, De Gruyter, Berlin, 2015, S. 462

der Erkenntnis einfach durch die Anwendung der Kategorien verbunden werden könne. Die Synthesis sollte als ein apriorisches Moment der Erkenntnis angesehen werden, aber nicht im Sinne Kants als ein Resultat des zwar angeblich notwendigerweise aber doch im Nachhinein geschehenen Verstandesakts. Obwohl man Kants transzendentale Deduktion, insbesondere ihre ganze Argumentation mit Recht als fehlgeschlagen ansehen darf, ist hier mehr Behutsamkeit und Bedachtsamkeit geboten. Die Frage lautet nun: was für eine Rolle soll der Verstand in einem von Kants Philosophie abweichenden und antidichotomischen Rahmen spielen? Ist die Annahme eines Verstands überhaupt nötig?

In Erzeugung des Begriffs eines Hauses muss nach Kant die einzelnen sukzessiven Vorstellungen des Hauses durch den Verstand synthetisiert werden. Aber damit ich diese Vorstellungen synthetisieren kann, muss ich zwischen den einzelnen Vorstellungen, wie z.B. die Vorstellungen von Fenstern, die vom Dach, usw. unterscheiden und sie als zum Haus gehörig betrachten können, denn ansonsten würde ich auch einen gerade vor dem Haus stehenden Hund ebenfalls als Teil des Hauses betrachten. Um diese Vorstellungen voneinander zu unterscheiden, muss ich schon Begriffe von ihnen haben bzw. sie jeweils als einzelne Einheiten betrachten können. Das würde nach Kants Meinung nichts anders bedeuten, als dass sie jeweils schon durch die Kategorien synthetisiert worden sein müssten[24]. Was der Verstand, falls er immanent in der Anschauung, d.h., nicht erst zwecks der Bewerkstelligung der Einheit in der Anschauung, tätig ist, leistet, kann man durch die Analyse der Bedingung der Möglichkeit der erwähnten zweiten Synthesis in der A-Deduktion erkennen.

Wäre *per impossible* in der Synthesis der Apprehension, die der A-Deduktion zufolge für die Einheit der Anschauung sorgt und die zweite Synthesis vorbereitet, die produktive Einbildungskraft allein, d.h. ohne einen direkten Eingriff des Verstands, tätig, so würden alle möglichen Vorstellungen undifferenziert als unter einer absoluten Einheit stehend erscheinen, so dass alle Differenzen unter dieser Einheit verschwinden. Die Mannigfaltigkeit von Vorstellungen in diesem Sinne würde unbestimmte Mannigfaltigkeit heißen und es würde nichts in ihm geben, das in der zweiten Synthesis durch die Synthesis der Reproduktion verbunden werden könnte. Dieses Szenario, wo der Verstand aufgrund der Dichotomie von der Anschauung ausgeschlossen wäre, ähnelt der Verschmelzung von Eisenwürfeln: Am Anfang

---

[24] Angesichts der Analyse des Hausbeispiels Kants auf B 237 pflichte ich Reinhard Hiltscher bei (Hiltscher, Einführung in den deutschen Idealismus, S. 30-38). Hiltscher hat nämlich eine von Kant immer übersehene Dimension der Synthetisierung herausgearbeitet: die vermeinte Konstitution eines Gegenstands in der Anschauung setzt schon die Anwendung der empirischen Begriffe, einschließlich des Begriffs des Hauses selbst, voraus. Der Gegenstand „Haus" wird nämlich nicht erst konstituiert, sondern dessen empirischer Begriff mittels der Synthesis lediglich „erweitert" wird, und diese Erweiterung wäre – nur in diesem Aspekt, nämlich für die Erweiterung des Hintergrundwissens des Hauses, nicht für die allererste Konstitution des Hauses, ist Kants Betonnung der Synthesis der Hauswahrnehmungen legitim – ohne bereits existierenden Gegenstandsbezug der „minimalen Merkmale" unmöglich.

steht eine Kiste voll von Eisenwürfeln, die von verschiedener Größe und auch an Gestalt voneinander unterscheidbar sind, sodass man dazu sagen kann, dass die mannigfaltigen Eisenwürfel zu einer vollen Kiste verbunden werden. Mit dem Ansatz der hohen Temperatur vollzieht sich nun der Vereinheitlichungsprozess in den Eisenwürfen, indem die Eisenwürfel verschmelzen, bis endlich nur bestimmungslose Kiste-Einheit von Wasser übrigbleibt, wobei in der Kiste keine Rede mehr von Verbindung von Etwas erlaubt ist[25]. Der Verstand ist angesichts dessen überhaupt das Vermögen, Teilungen innerhalb der Anschauung zu verschaffen, damit letztendlich überhaupt ein Mannigfaltiges von einzelnen gegenständlichen Vorstellungen, anstatt bloß eines undifferenzierten Mannigfaltigen in der Einheit der Anschauung gegeben werden. Anlässlich dieser ursprünglich teilenden Funktion kann der Verstand mit Recht das Vermögen von „Urteil" genannt werden. Kant selber hat ausdrücklich gesagt, dass *„der Verstand überhaupt als ein Vermögen zu urteilen vorgestellt werden kann"* (A 69).

Es gilt wie folgt zusammenzufassen: Wäre das, was in der ersten Synthesis unmittelbar für die Einheit der Anschauung sorgt, allein die Einbildungskraft, dann wäre jene Einheit unbestimmt und unbewusst. Nur in Zusammenarbeit mit dem Verstand kann die Anschauung dann eine Einheit von innerlich differenzierten Mannigfaltigen, oder, aus anderer Perspektive beschrieben, verbundene Mannigfaltigkeit aufweisen und als solche zur nachfolgenden Reproduktion in der Einbildung kommen. Anders ausgedrückt sorgt die Einbildungskraft für EINE intuitive Anschauung, während der Verstand das Vermögen ist, in notwendiger Zusammenwirkung mit der produktiven Einbildungskraft allererst differenzierte Mannigfaltigkeit in die Anschauung einzuführen.

Man kann in diesem Sinne zwischen einem Verstand im strengen Sinne und einem im lockeren Sinne unterscheiden. Der erstere ist, wie gesagt, ein differenzierendes Denken, ohne welches der Verstand im lockeren bzw. in Kantschen Sinn nicht funktionsfähig wäre. Dieser letztere schlägt sich tatsächlich in der Zusammenarbeit der Einbildungskraft und des differenzierenden Denkens in den ersten beiden Synthesen zwecks der Herstellung der synthetischen Einheit in der Anschauung nieder. Kant gesteht ihm die Funktion der Synthetisierung des Mannigfaltigen wohl nur deshalb zu, weil er von der Funktion der Einheitsstiftung der Einbildungskraft tief geprägt ist, sodass dem differenzierenden und diskursiven Denken

---

[25] Hegel hat im §42 der Enzyklopädie ein ähnliches Gleichnis der „Schmelztiegel und Feuer" gegeben, um die Kantsche „reine Apperzeption" von der „gewöhnlichen Apperzeption" zu unterscheiden. Eigentlich bauen sich sowohl die reine Apperzeption als auch die reine Einbildungskraft auf eine unwahre Vorstellung der Allgemeinheit, die Hegel zufolge im äußeren Gegensatz zur Besonderheit stehend nicht in der Lage ist, allein von sich aus das Mannigfaltige zur differenzierten Einheit zu bestimmen. Die reine Einbildungskraft, die ohne gleichzeitige Mitwirkung des Verstands fungieren sollte, ist daher mit Recht von Kant als eine „blinde" Funktion der Seele zu bezeichnen, denn ihre Synthetisierung ist als nichtdifferenzierende Vereinigung zu benennen, „wodurch die gleichgültige Mannigfaltigkeit verzehrt und auf [bloße] Einheit reduziert wird".

speziell eine eigene dritte Synthesis der Rekognition zwecks des unmittelbaren Urteilens zugewiesen ist. Der Kantsche transzendentale Verstand ist daher genau genommen ein synthetisierend-differenzierendes Denken[26]. Man erhält dennoch von Kants Rede vom Verstand immer den Eindruck, dass der Verstand allein die Verbindung des Gegebenen leisten würde, was aber ein Missverständnis ist.

Auf jeden Fall ist ein zu verbindendes Mannigfaltiges, das aber noch keine Synthesis in sich enthält, unmöglich. Mannigfaltiges und Synthesis treten immer Hand in Hand vor. In einer Anschauung, wo allein die Einbildungskraft und die undifferenzierte Einheit herrschten, gäbe es weder Mannigfaltiges noch die Synthesis desselben. Dem zufolge wäre in einem Szenarium, wo Raum und Zeit bloß als Formen der rezeptiven Sinnlichkeit gelten würden und von der Bestimmung des Denkens frei wären, noch kein synthetisierbares Mannigfaltiges gegeben, sondern die sinnliche Mannigfaltigkeit als solche bliebe eine unbestimmte Einheit durch die reine produktive Einbildungskraft und wäre als solche gar nicht erkenntnisrelevant[27].

---

[26] Eben um diese Januskörpigkeit des Verstands zu erklären, habe ich bisher zwei Szenarien vorgestellt: Das atomäre-Vorstellungen-Szenarium und das Eiswürfel-Wasser-Szenarium. Das erstere dient der Veranschaulichung der Synthesis-Funktion des Verstands: Ohne Synthesis als immanent anzunehmen wäre auch keine Synthesis im Nachhinein möglich; Das letztere dient der Veranschaulichung der Teilung-Funktion des Verstands: Ohne die Teilung als immanent zu betrachten gäbe es auch Nichts, was im Nachhinein synthetisiert werden kann.

[27] Kant ist wohl sich des Problems bewusst und behauptet daher, dass es auch ein Mannigfaltiges gibt, das a priori gegeben wird. Raum und Zeit enthalten nämlich „ein Mannigfaltiges der reinen Anschauung a priori" (B 102). Raum und Zeit als a priori gegebenes Mannigfaltiges klingt seltsam aus, aber es wird verständlich, wenn man dieses apriorische Mannigfaltige als ein Wort versteht, das Kant erfindet, um die Peinlichkeit seiner Theorie zu verschleiern: Raum und Zeit, die als reine Anschauungsformen bloß zur Rezeptivität gehören würde, droht irrelevant für die Erkenntnis zu sein, wenn sie als solche ursprünglich gar keine Differenz verfügt und somit kein Mannigfaltigen Inhalt enthält, der verbunden werden und somit als Inhalt der Erkenntnis gelten kann. Es ist in diesem Fall verdächtig, wie die in sich völlig undifferenzierte Raum-Zeit endlich doch etwas Differentes „aufzunehmen" imstande wäre. Um aus der Irrelevanz gerettet zu werden, müsste die Anschauung selber doch Differenz besitzen. Wohl als ein Resultat des Kompromisses lässt Kant ein nur der Form nach, nämlich apriorisch gegebenes Mannigfaltiges in der reinen Anschauung konstatieren, in der Hoffnung, dass man sich dann mit dem Eindruck abfände, dass die in der transzendentalen Ästhetik gegebene Bedingung, nämlich die reinen Anschauungsformen von Raum und Zeit, doch eine notwendige Bedingung der Erkenntnis ist, indem ein apriorisches und von der produktiven Einbildungskraft vorgegebenes Prinzip der Differenzierung bzw. der Mannigfaltigkeit den Anschauungsformen selbst innewohne, um das sinnliche Gegebene nach seinem Affizieren unserer Sinnesorgane als mannigfaltig erscheinen zu lassen. So würde der Übergang von der undifferenzierten, aber doch das Differenzierungsprinzip besitzenden Rau-Zeit zur innerlich differenzierten empirischen Anschauung durch die Gestaltung des ursprünglich unverbundenen Mannigfaltigen verständlich gemacht. Ich kann aber nicht nachvollziehen, warum Kant trotz aller Schwierigkeit, anstatt den Verstand und somit die Differenzierung als ein immanentes Moment der sinnlichen Gegebenheit zu betrachten, eigensinnig auf gegenüber dem Verstand angenommene Raum-Zeit als reine Formen der Anschauung bestehen muss. Dafür hat er eine theoretische Redundanz, nämlich ein schwer nachzuvollziehendes Mannigfaltiges a priori als Kosten auf sich zu nehmen. Man würde fragen, mit welcher anderer Überlegung als *petitio principii* Kant ein solches Prinzip der Differenzierung a priori an Raum und Zeit hingenommen hätte? Kant hat nämlich das, was erklärungsbedürftig ist, einfach als Prinzip hintergründig angenommen. Eine bessere Alternative wäre, dass die Anschauung die Materie der Erkenntnis nicht erst nachhinein auf mechanisch-affizierende Weise empfängt und somit in keinem Sinne ein Mannigfaltiges a priori der reinen Anschauung braucht, sondern es schon bei der ursprünglichen Sinnlichkeit um eine intellektuelle Mitwirkung geht, die die Anschauung mit inhaltlicher Differenz versieht. Keine Materie wird erst im Nachhinein als Füllmaterial des leeren Gerüsts von Raum und Zeit gegeben, sondern der Verstand, anstatt des Dings an sich, affiziert die Sinnlichkeit unmittelbar und schafft darin die sinnliche und differenzierte Mannigfaltigkeit.

Hier hat man einen auf den ersten Blick seltsamen Sachverhalt vor Augen: Ordnung in eine Mannigfaltigkeit von sinnlichen Vorstellungen hineinzubringen, d.h. sie zu kategorisieren, heißt Kant zufolge, in erster Linie diese gemäß Regeln a priori, d.i. Kategorien, zu verbinden. Aber damit es Etwas gibt, was sich als Mannigfaltige verbinden lassen kann, muss jedes zu verbindende an sich schon einzelne Einheit sein, die sich wieder aus der Synthetisierung durch die Kategorien ergibt. Diesem neu gewonnenen Szenarium ist eine große Bedeutung beizumessen, denn es hat das von Kant geschilderte Erkenntnisbild gewissermaßen umgedreht. Es ist nicht so, als ob vor der Anwendung der Kategorien nur eine in sich total nicht-kategorisierte Mannigfaltigkeit herrschte und erst mit der *„ersten Anwendung"* (B 152) der Kategorien die begrifflichen Momente darin einzudringen anfingen, sondern so, dass die Anwendung der Kategorien immer die Anwendung der Kategorien voraussetzt, oder, die Anwendung der Kategorien selbst als ein unentbehrliches konstruierendes Moment der Mannigfaltigkeit der Anschauung angesehen werden muss[28]. Wenn Kant denkt, dass die zeitlich sukzessiven Wahrnehmungen von einem Haus schon vorhanden sind und sie für die Konstitution eines einheitlichen Gegenstands „Hause" nur noch einer Synthetisierung bedürfen, müssen wir im Geist Kants noch weiter gehen und sagen, dass die Kategorien schon als Bedingung der Fassbarkeit aller Teilwahrnehmungen und sogar aller beteiligten Eindrücke des Hauses mitwirkend sind.

Kants Fehler scheint darin zu liegen, dass er sich nur der Bedingung der Möglichkeit des Hausbegriffs bewusst ist, nicht aber der Möglichkeit der Bedingung der Möglichkeit des Hausbegriffs. D.h., Kant hat die Frage, wie es möglich ist, dass unsere Eindrücke des Hauses, die zur Verbindung fähig sind, überhaupt allererst in Raum und Zeit gegeben werden können, nicht ernst genommen. An diese Nicht-Gründlichkeit von Kants transzendentaler Denkweise hat Hegel mit Witz eine Kritik ausübt, dass Kants Wunsch, das Erkenntnisvermögen zu untersuchen, ohne zuerst das Untersuchungsvermögen selbst zu untersuchen, dasselbe sei, wie *„Schwimmwollen, ehe man ins Wasser geht"* (VGP, III, S. 334). Indem Kant dies nicht tut, hat er, falls Hegels Kritik zutreffend ist, übersehen, dass der vermeintlich erst durch das Denken konstruierte Gegenstand in der Anschauung, z.B. das Haus, im Grunde genommen von den Sinneseindrücken, die ihn konstruieren, nicht wesentlich zu unterscheiden sind. Es gibt keinen Grund, bloß nach der Bedingung der Möglichkeit des Vorliegens eines Hauses, aber nicht in gleicher Berechtigung nach der Bedingung der Möglichkeit der Gegebenheit der Eindrücke des Hauses zu fragen. Hätte

---

[28] Vgl. Mcdowell, S. 118. „Das macht es dringlich, auf den Gedanken zurückzukommen, nach dem alles, was wir vernünftigerweise an Objektivität von Forderung des Verstandes verlangen können, dies ist, dass sie sich auf Dinge beziehen, wie sie unseren Sinnen gegeben sind." Mcdowell macht es von der Perspektive des Geltungsanspruchs der Objektivität deutlich, dass die uns gegebenen sinnlichen Dinge schon durch den Verstand konstituiert werden müssen, bzw. so sein müssen wie die vom Verstand hinterher konstituierten, damit der Bezugsakt des Verstands in Übereinstimmung mit den gegebenen Dingen Objektivität beanspruchen kann.

Kant den Charakter der Anwendung der Kategorien als gewisse Selbstbezüglichkeit in Kenntnis genommen, würde er die transzendentale Deduktion der Kategorien in einer anderen Weise ausführen müssen. Die Pointe besteht darin, dass der Verstand, oder die Anwendung der Kategorien als ein immanentes Moment der Sinnlichkeit immer schon tätig gewesen ist, ansonsten es auch keine allererste Anwendung der Kategorien geben könnten.

1.3.2 Das Denken ohne die Dichotomie

Mit der Abschaffung der Dichotomie, die der reinen Sinnlichkeit die Grundlage entzieht, sollte nun auch ein Rollenwechsel des Denkens vorgenommen werden. Innerhalb des Kantschen Rahmens besteht das Denken aus dem reinen Verstand und dem empirischen Denken, die bei Kant voneinander streng zu unterscheiden sind, wobei der erstere angeblich allein verbindend und das letztere unterscheidend und vergleichend sein sollte. Was aber bei der Konstitution des Gegenstands in Spiel kommt, ist immer nur der reine Verstand. Das empirische Denken ist hingegen in der *KrV* relativ geringgeachtet. Mit vorheriger Entlarvung der von Kant gebrauchten Konzeption des Verstands als eines sowohl differenzierenden als auch verbindenden Denkens kann man mit Recht vermuten, dass die strenge Unterscheidung innerhalb des Denkens wohl nicht so nötig ist, wie Kant es vermeint, und, da sich der Verstand und die Sinnlichkeit durchaus nicht wie zwei Gegenpolen der Dichotomie zueinander verhalten sollen, das sinnlich-empirische Moment auch wesentlich zum angeblich reinen Verstand gehört und in der Konstitution des Gegenstands einbezogen werden muss[29].

Aus der vorherigen Auseinandersetzung wird klar, dass die Konstitution eines Einzelgegenstands wie die des Hauses immer die Begriffe der unter ihm subsumierten Wahrnehmungen voraussetzen muss. D.h., es ist bei der Genesis eines Gegenstands nicht so einfach, wie Kant es schildert, dass der Gegenstand aus der Zusammenfügung von reiner Sinnlichkeit und reinem Verstand entspringt. Ein von Kant so konzipiertes Denken wäre in Bezug auf die Konstitution des Gegenstands insgesamt bloß **bestimmend**, während dem empirischen Denken laut Kant eine scheinbar eigenständige Rolle der Reflexion zukomme, wodurch man von mannigfaltigen besonderen Begriffen zu allgemeinerem Begriff aufsteigt und die selbst aber nicht zur Konstitution der Gegenständlichkeit der Erfahrung beitrage. Dieses sei nämlich bloß **regulatives** Denken, um in epistemischer Hinsicht ein System von Wissen aufzubauen. Das Problem ist aber, dass, um Kants Gedanken einer Trennung der beiden Denkungsarten plausibel zu machen, man

---

[29] Die Konstitution des einzelnen Gegenstands auf der Basis der Nicht-Gegenständlichkeit, oder die allererste Konstitution des Gegenstands überhaupt, ist, wie vorher erwähnt wird, nicht möglich. Die Gegenständlichkeit gilt wie die Anwendung der Kategorien notwendig und wird immer schon vorausgesetzt.

anzunehmen hat, dass es gewisse unbestimmte Gegenständlichkeit, die als solche dem reinen Verstand zu verdanken wäre, ohne konkrete bestimmte einzelne Gegenstände, die als solche schon empirischen Regeln und somit der reflektierenden Urteilskraft unterliegen müssen, geben könnte[30].

Die sachgemäße Bestimmtheit des Denkens in der Konstitution des Gegenstands soll aber darin bestehen, dass es nicht nur in Ansehung der Sinnlichkeit bestimmend ist, sondern **zugleich** auch angesichts seines Verhältnisses zu sich selbst **reflektierend** heißen soll. Mit anderen Worten: Ein reiner Verstand, der allein bestimmend ist, ist nicht hinreichend, um aus der Sinnlichkeit einen einzelnen Gegenstand zu konstituieren. Vielmehr würde er selber nicht funktionsfähig sein, ohne zugleich ein reflektierendes Denken zu sein. Denn, wie gesagt, operiert das die Wahrheit beanspruchende Denken notwendig auf Basis der Wahrnehmungen, die bereits eine kategoriale Struktur aufweisen, so dass das Denken in gewissem Sinne selbstbezüglich ist. Eben angesichts seiner Charakteristika der Selbstbestimmung trägt das Denken das Attribut „re-flektieren", das gleichdeutend ist mit „zurückbiegen". Das unendliche Mannigfaltige der Wahrnehmungen kann in diesem Szenarium als Medium der Ausübung der Selbstbezüglichkeit des Denkens angesehen werden, indem die Verbindung der Wahrnehmungen auf höherer Potenz immer schon Verbindungen auf niedrigerer Potenz voraussetzt.

Die Kantsche Philosophie bringt zwar das Moment des reflektierenden Denkens im Namen der *reflektierenden Urteilskraft* ans Licht, dennoch geht bei Kant, wie gerade erwähnt wird, der bestimmende reine Verstand, der ebenfalls die bestimmende Urteilskraft heißt, nur parallel mit der reflektierenden Urteilskraft, einher. Kant scheint erst angesichts der oberflächlichen Gemeinsamkeit der beiden, dass bei ihnen etwas Besonderes unter Allgemeineres subsumiert werde (vgl. KU, AA, S. 179), ihnen einen gemeinsamen Namen „Urteilskraft" gegeben zu haben, ohne doch die beiden als voneinander untrennbar betrachten zu können. Der Grund dafür liegt, wie bereits erwähnt wird, darin, dass Kant von seiner dichotomischen Position ausgehend nicht in der Lage ist, die mannigfaltigen Wahrnehmungen als jeweils in sich begrifflich strukturiert anzuerkennen, so dass der tatsächlich auf Basis der begrifflich strukturierten Wahrnehmungen operierende Verstand nicht als auf sich reflektierend betrachtet werden kann, sondern der Verstand scheint von sich aus eine einseitige spontane Bestimmung für die ursprünglich bestimmungslose Sinnlichkeit gegeben zu haben[31].

Der implizite Sinn der Identifizierung der reflektierenden Urteilskraft und der bestimmenden Urteils-

---

[30] Auf dessen Unmöglichkeit werde ich im dritten Teil der Abhandlung ausführlicher eingehen. Die Anerkennung von dessen Möglichkeit sorgt für eine Dichotomie, die die Lösung des Wahrheitsproblems verunmöglichen würde.

[31] Über die theoretische Aussicht einer bestimmenden Reflexion, s. Anton Friedrich Koch: „Kants transzendentale Deduktion aus der Perspektive der Wissenschaft der Logik", S. 45 – 53.

kraft, die Kant fremd gewesen sein müsste, besteht darin, darauf hinzuweisen, dass der Verstand in der Konstitution des Gegenstands außer der Verbindung noch die Funktion der Abstraktion erfüllt hat. Wo das Denken verbindend bzw. bestimmend zu sein erscheint, da wirkt es sich, solange es Wahrheitsanspruch des daraus ergebenden Urteils erhebt, tatsächlich ebenfalls abstrahierend aus. Dies lässt sich ein wenig wiederholend wie folgt nachvollziehen: Die Einbildungskraft leistet aus ihrer Seite nur eine undifferenzierte Einheit der Anschauung. Es würde daher, ohne die Mitwirkung des Verstands anzunehmen, nicht erklärbar sein, wie in der Anschauung überhaupt voneinander unterscheidbare Einheiten überhaupt zustande kommen könnten. Der Verstand in diesem Szenarium sollte, im Grunde genommen, derjenige sein, der in der einheitlichen Anschauung Unterschiede ausgemacht hat, während die Sinnlichkeit dementsprechend als diejenige betrachtet werden muss, die potenzielle Unterschiede in sich enthält, oder einfacher ausgedrückt, eine vorbegrifflich-kategoriale Struktur aufweist. Der Verstand könnte unmöglich aus etwas, das selbst keine Differenz enthält, mit Willkür Differenzen erzeugen. Bei der Konstitution des Gegenstands handelt es sich daher außer der Verbindung noch um eine Differenzierung, die sich dadurch vollzieht, dass potenzielle Unterschiede in dem sinnlichen Gegebenen durch die Abstraktion verwirklicht werden bzw. das Denken die implizit vorhandenen Unterschiede in der Sinnlichkeit zur expliziten gegenständlichen Einzelheit abstrahiert (wörtlich: herausgenommen) hat.

Zur Exposition des Verstands als des abstrahierenden Denkens und zur Darlegung, wie dieses in Zusammenhang mit dem verbindenden Denken einzelne Gegenstände konstituiert, eignet sich Hegels Lehre der Begriff, welche einzuführen den zweiten Teil dieser Abhandlung ausmacht. Was aber Hegels spekulativen Begriff als Angelpunkt der Auseinandersetzung mit Kants Problem der Erfahrung rechtfertigt, ist Hegels ausschlaggebende Bemerkung im Abschnitt „*Vom Begriff im Allgemeinen*" der *Wissenschaft der Logik*, wo er ausdrücklich den Begriff mit dem reinen Selbstbewusstsein oder der Kantschen reiner Apperzeption identifiziert: *„Der Begriff, insofern er zu einer solchen Existenz gediehen ist, welche selbst frei ist, ist nichts anders als Ich oder das reine Selbstbewusstsein… Ich ist der reine Begriff selbst, der als Begriff zum Dasein gekommen ist"* (Logik, S. 12).

2. Der Hegelsche Begriff im Kontext des Erfahrungsproblems
2.1 „Allgemeines ist Besonderes" oder Begriff als Urteil

Hegel zufolge kann man die Anschauung als eine Totalität von allen möglichen Bestimmungen ansehen. Diese Sachlage ist für ihn die ursprüngliche Allgemeinheit oder die unbestimmte Allgemeinheit. Sie weist auf den Begriff hin, der *„im Anfang oder der als unmittelbarer ist"* (Logik, S. 31). Man muss daher darauf achten, dass bei dieser Allgemeinheit noch keine bewussten Unterschiede in ihnen vorhanden sind, obwohl sie doch die Totalität von möglichen Bestimmungen ist. In Hegels Wort ist bei dieser Sachlage weder die bewusste Einheit noch der Unterschied als solcher gesetzt, sondern der letztere ist *„zuerst zunächst selbst einfach und nur ein Schein"* (Logik, S. 31), so dass es nur eine unmittelbare Identität zwischen dem Unterschied und der Einheit herrscht, indem *„die Momente des Unterschieds unmittelbar die Totalität des Begriffs sind"* (Logik, S. 31). Die gegenständlichen Wahrnehmungen in der Anschauung sind nach Hegel Ergebnis der Besonderung, die darin bestehen soll, dass bestimmte Bestimmungen in der Anschauung herausgenommen und andere von diesem abstrahierenden (Latein *abstrahere*: „herausziehenden") Prozess befreit werden. Um z.B. ein einzelnes Haus wahrzunehmen, müssten einige identifizierende Merkmale des Hauses, z.B. Fenster, Dach, etc. von der Fülle der Bestimmungen in der Anschauung abgesondert werden, damit man überhaupt das Haus von seiner umgebenden Landschaft unterscheiden kann. Das ist der Anfang des Urteils, dessen Charakteristika in erster Linie darin bestehen, dass der Unterschied als solcher gesetzt wird.

Die Besonderung ist, wie gesagt, nicht ziellos. Die abstrahierten Merkmale dienen dazu, ein Ding in der Anschauung in Abgrenzung von seiner Umgebung auszumachen. Indem das Merkmal ein Ding aus der Anschauung heraustreten lässt, tritt ein besonderes Allgemeines auf. In Hegels Wort wird aus dem ursprünglichen Allgemeine nun ein Besonderes. Dabei besteht noch eine Referenz von dem Besonderen auf das Allgemeine, sodass die nicht abstrahierten und somit übriggebliebenen Bestimmungen des Dings und somit seine ganze Fülle von Bestimmungen nicht aus den Augen verloren gehen, sondern unter das abstrahierte Besondere „be-griffen" werden. Das begriffene Ganze macht im Gegensatz zu dem Abstrahierten, das das Ganze begreift und eben in diesem Sinne ein Begriff des Dings heißen darf, die besondere aber doch zugleich allgemeine Wahrnehmung des Dings aus. Wenn man glaubt, ein Haus wahrgenommen zu haben, müsste er das Haus nicht nur dadurch von der Umgebung unterschieden haben, dass er die Bestimmungen des Hauses, wie Dach, Fenster, etc. als unterscheidende Merkmale abstrahiert, sondern er müsste auch durch diese abstrahierten Merkmale wieder auf ein in der Anschauung befindliches Ding voll von Bestimmungen namens

„Haus" zurückgegriffen haben. Infolgedessen dürfen sowohl diese abstrahierten Merkmale als auch das entsprechende Ding dann zu Recht das besondere Allgemeine heißen.

Im Fall des Vorliegens eines Dings in der Anschauung hat man nämlich zwei Momente des Hegelschen Begriffs festgestellt: 1. Die Allgemeinheit, nämlich die unendliche Mannigfaltigkeit der Eigenschaften des Dings in der Anschauung. 2. Die Besonderheit, nämlich die Differenzierung des Dings von seiner Umgebung durch seine Merkmale. Trotz der Zusammentreffung der beiden Momente in einem einzelnen sinnlichen Ding darf man noch nicht behaupten, dass dieses einzelne wahrgenommene Ding schon ein einzelner Begriff im Hegelschen Sinne ist. Hegel nennt seinen Begriff absichtlich im Kontrast zum formalen Begriff in der gewöhnlichen Logik oder dem *„Begriff als solchem"* (Logik, S. 31) den spekulativen Begriff, der die substanzielle Bedeutung hat. Um einen wahrhaft substantiellen Begriff zu bilden, müssen die Allgemeinheit und Besonderheit eine wirklich dialektische Einheit bilden, die erst als die negative Reflexion-in-sich die Stellung der Substanz einnimmt. Dem bloß im Urteil erscheinenden Begriff kommt nur eine unmittelbare, noch nicht als solche gesetzte Einheit zu, indem die Begriffsmomente durch ihre Gleichgültigkeit gegeneinander geprägt sind. Mit anderen Worten: Das Allgemeine und das Besondere sind jetzt miteinander unmittelbar identisch, genau wie die besonderen Merkmale und ihr allgemein-sinnliches Ding, sodass man sie noch nicht voneinander unterscheiden kann, ganz zu geschweigen davon, dass sie eine dialektische Einheit bilden.

Das Urteil ist Hegel zufolge der Begriff nur überwiegend in seiner Besonderheit. Die Besonderheit ist hier das neue Moment, das im Gegensatz zur ursprünglichen Allgemeinheit allererst alle begriffliche Entwicklung in Gang setzt und hat nach Hegel die Form: „das Einzelne ist das Allgemeine", worin zunächst ein Unterschied des Einzelnen zum Allgemeinen artikuliert wird und ihre Einheit dann mittels der Kopula „ist" unmittelbar gesetzt wird, welche letztere einfach die *„Beziehung seiner [des Begriffs] als selbstständig und gleichgültig gesetzten Momente"* (Logik, S. 31) ausdrückt. Die Einheit ist eine unmittelbar gesetzte Einheit, da man bis jetzt noch nicht versteht, wie sie vor dem Hintergrund der Besonderung zu erreichen ist. Diese Formel des Urteils entspricht dem *„qualitativen Urteil"* (Enzy, § 172 - § 173) Hegels, denn sie betrifft das bloß gesetzte Dasein des Dings überhaupt, als wäre es ein Voraussetzen, wodurch die Besonderung des Daseins (d.i. das Einzelne) unmittelbar aus der unbestimmten Allgemeinheit hervortritt.

Nun kann man hinsichtlich eines einzelnen Dings zwar empirische Urteile, wie „der Apfel ist rot" fällen, dennoch hat dieses Urteil unmittelbar zunächst nur die Form wie „Allgemeines ist Besonderes"[32], wobei das Allgemeine hier wie erwähnt die einzelne Wahrnehmung vom Apfel und das Besondere die aus der Wahrnehmung abstrahierten Merkmale sind. Man verwendet dieses empirische Urteil als eine Regel, um den einzelnen Apfel in der Anschauung zu identifizieren. Ein „*wahrhaftes Urteil*" (Enzy, § 171, Zusatz) im Hegelschen Sinne aber, d.h. das Urteil, das nicht wie jenes Urteil bloß die Seite der Besonderheit bzw. das Gesetztsein des Begriffs artikuliert, sondern zugleich das Begriffsmoment der Allgemeinheit bzw. das „*An-und-Für-sich-sein*" (Logik, S. 28) des Begriffs ausdrücken und somit eigene Unmittelbarkeit der Einheit aufheben soll, muss zugleich zum Hegelschen Schluss weiterführen. Im Folgenden wird der Hegelsche Schluss weiter am Beispiel des Erfahrungsproblems erörtert. Daraus wird klar sein, wie das Konzept des Schlusses zur Vervollständigung[33] des Hegelschen Begriffs beiträgt.

2.2 Die vermittelte Einheit von Allgemeinheit und Besonderheit oder der Weg vom Urteil zum Schluss

Was den Hegelschen Begriff anbetrifft, so gelangt man durch die Ausmachung einzelner Wahrnehmung mittels ihrer Merkmale zuerst nur zu dem Resultat, dass das Allgemeine das Besondere ist. Die beiden Begriffsmomente, Allgemeinheit und Besonderheit, befinden sich noch nicht in einer dialektischen Einheit. Dafür muss sich umgekehrt das Besondere als ein Allgemeines erweisen können. Das ist Hegel zufolge genau der Fall, wenn das Besondere eine Totalität von Besonderen darstellt[34]. In dem Urteil „der Apfel ist rot" ist „rot" ein Besonderes in der Hinsicht, dass es nur ein individuelles Merkmal

---

[32] Hier weiche ich mit Absicht von der von Hegel angekündigten Reihfolge der Bestimmung des Urteils ab (s. Enzyklopädie §166), indem ich dem Urteil „der Apfel ist rot" nicht die nach Hegel unmittelbar erworbene Formel „Einzelnes ist Allgemeines" zuordnet, denn der Schwerpunkt meiner Darstellung liegt gerade darin, den Mangel und die Unverständlichkeit des allein von der gesetzten Entgegensetzung der Begriffsmomente ausgehenden Urteils – wie hier „Allgemeines" und „Besonderes" an sich einen Gegensatz darstellen, ohne dass man von ihrer Einheit, nämlich der Einzelheit, geredet hat – und die Notwendigkeit der Vereinigung der Begriffsmomente in die Einzelheit **aus statischer Sicht** aufzuzeigen, während Hegel mit seiner Formel hauptsächlich darauf abgezielt ist, den **dynamischen** Zusammenhang in der dialektischen Entwicklung stets unter Gesichtspunkt des einzelnen Begriffs vor Augen zu halten, um darzulegen, dass das wahrhafte Urteil die „durch die eigene Tätigkeit des [einzelnen] Begriffs gesetzte Diremtion desselben in den Unterschied seiner Momente sei" (Enzy, § 166), dass das Urteil nicht bloß ein Gesetztsein, sondern ein Selbstgesetztsein des einzelnen Begriffs ist.

[33] Hegel redet auf S. 31 der Logik ausdrücklich von der „Vollständigkeit" des Begriffs im Schluss.

[34] In Logik auf S. 38 liest man bei Hegel also folgendes: „Das Besondere enthält also nicht nur das Allgemeine; sie ist Totalität. Das Besondere enthält also nicht nur das Allgemeine, sondern stellt dasselbe auch durch seine Bestimmtheit dar; dieses macht insofern eine Sphäre aus, welche das Besondere erschöpfen muss. Diese Totalität erscheint, insofern die Bestimmung des Besonderen als bloße Verschiedenheit genommen wird, als Vollständigkeit".

von allen möglichen Merkmalen des Apfels darstellt. Falls man unter „rot" ein Allgemeines versteht, dann meint man mit jenem Urteil implizit Folgendes: der Apfel ist eines von mehreren Dingen, denen die Eigenschaft „rot" zukommt. D.h., „rot" ist die gemeinsame Bezeichnung für alle Dinge, die rot sind. Im Sinne davon, dass „rot" als eine gemeinsame Bezeichnung für mehrere rote Dinge gilt bzw. das Rotfärbige mehrere Dinge als seine Sonderfälle subsumiert, ist es ein Allgemeines, während der Apfel, genau als eine Instanziierung von „rot", in diesem Zusammenhang ein Besonderes genannt wird. So folgt auf dem vorherigen Urteilstyp „Allgemeines ist Besonderes" nun Wort für Wort das umgedrehte neue Urteilstyp „Besonderes ist Allgemeines"[35], obwohl sich die beiden durch ein und dasselbe Erfahrungsurteil „der Apfel ist rot" instanziieren lassen können.

Der Hegelsche Begriff ist die Einheit von Allgemeinheit und Besonderheit. Sie ist nicht als die Identität im Sinne gewöhnlicher Logik, wie z.B. „2=2", sondern als eine wechselseitige Deutung und Ergänzung zu verstehen. Das Zugleich-Bestehen der beiden Urteilstypen „Allgemeines ist Besonderes" und „Besonderes ist Allgemeines" kann gerade als eine Interpretation dieser dialektischen Einheit gelten. Zwischen ihnen herrscht ein komplementäres Verhältnis zueinander, so dass ein jedes Urteilstyp allein an sich betrachtet eine bloße Einseitigkeit darstellt. Wir kennzeichnen die problemorientierte Sachlage, die beim Urteilstyp „Allgemeines ist Besonderes" zu beschreiben ist, als Szenarium α. Dem entsprechend sind die Charakteristika des Urteilstyps „Besonderes ist Allgemeines" im Szenarium ß nachzuzeichnen.

Szenarium α: Beim Urteilstyp „Allgemeines ist Besonderes" besteht zwischen dem Merkmal und der Anschauung nur eine einbahnige Referenzbeziehung: von dem ersteren her nach der letzteren hin, um gemäß dem ersteren eine einzelne Wahrnehmung in der letzteren auszumachen. Das Merkmal als Begriffsmoment der Besonderheit ist gegenüber der Anschauung bestimmend. Die bisher als grundlos geltende Abstrahierung der Merkmale aus der Anschauung dient ausschließlich dazu, auf einzelne Wahrnehmung in der Anschauung zu referenzieren. Das Problem besteht darin, dass man im Szenarium α nicht weiß, warum das Merkmal gerade dieses oder jenes wahrgenommene Ding in der Anschauung ausmachen bzw. markieren lässt.

Szenarium ß: Bei dem Urteilstyp „Besonderes ist Allgemeines" hat man ebenfalls nur eine Richtung festgestellt, nämlich von den besonderen Wahrnehmungen zu der allgemeineren Bezeichnung derselben. Man schaut nämlich zuerst mehrere besondere Dinge an und dann weiß sie mit einer gemeinsamen Bezeichnung zu repräsentieren. D.h., anders als das unterscheidende Merkmal, das der Wahrneh-

---

[35] Diese Formel entspricht dem „Reflexionsurteil" Hegels, da „das Prädikat desselben nicht mehr eine unmittelbare, abstrakte Qualität, sondern von der Art ist, dass das Subjekt durch dasselbe sich als auf anderes bezogen erweist". „Die Prädikate solcher Urteile sind überhaupt Reflexionsbestimmungen" (Enzy, §174, Zusatz).

mung vorangeht, ergibt sich die repräsentierende Bezeichnung nachträglich aus den vorgegebenen Wahrnehmungen. Die Bezeichnung wird dem reflektierenden Anschauen oder „*der subjektiven Reflexion*" (Enzy, § 175) nachgeordnet, d.i. sie gilt als ein durch diese Bedingtes. Der Gebrauch der Bezeichnung dient ausschließlich dazu, besondere Wahrnehmungen zu repräsentieren. Das Problem liegt darin, dass man nicht erklären kann, warum gerade diese oder jene Bezeichnung aus der Reflexion über gewisse vorhandene Wahrnehmungen hervorgeht.

Die beiden Urteilstypen ergänzen sich, weil sie wechselseitig Lösungen für ihre jeweiligen Probleme bieten können. Das wollte ich wie folgt veranschaulichen:

Lösung zum Szenarium α, gekennzeichnet als Lösung 1 : Das Problem, warum ein Merkmal gerade eine bestimmte einzelne Wahrnehmung aus der Anschauung ausmacht, z.B. warum man ggf. mit dem Merkmal „rot" einen Apfel statt einer Banane von seiner Umgebung identifiziert, findet seine Lösung bei dem Szenarium ß, weil dieses lehrt, dass die Entstehung des Merkmals eigentlich nicht eine grundlose aus der vermeintlich unbestimmten Anschauung ist, sondern nichts anders als die repräsentierende Bezeichnung ist, die als solche der Reflexion über einzelne vorhandene Wahrnehmungen in der Anschauung zu verdanken ist. Diese entscheiden darüber, dass es um die Bezeichnung „Rotes" bzw. das Merkmal „rot" im Szenarium α gehen wird. Die im Szenarium α ausgemachte Wahrnehmung des Apfels wäre *cum grano salis* eine von mehreren bereits vorhandenen einzelnen Wahrnehmungen im Szenarium ß und würde eigentlich nur wieder im Szenarium α wiederentdeckt. Eben deswegen, weil die einzelnen Wahrnehmungen über ihre allgemeinere Bezeichnung verfügen, kann diese Bezeichnung dann umgekehrt als Merkmal von jeder diesen Wahrnehmung gelten, um sie ggf. gerade aus der Umgebung zu identifizieren. Ich kann z.B. einen Apfel mittels seines Merkmals „rot" aus umgebenden anderen Früchten ausmachen, weil ich, wieder *cum grano salis*, vorher durch die Reflexion über eine Menge von roten Dingen, wozu rote Äpfel statt der Banane gehören, schon gelernt habe, was die Bezeichnung „Rotes" extensional bedeutet, und dann sie als Merkmal „rot" einsetzt, um ihren Träger, d.i. den Apfel, wiederzuentdecken bzw. aus seiner Umgebung zu identifizieren[36].

---

[36] Diese Lösung bringt den Aspekt der Negation des qualitativen Urteils durch das Reflexionsurteil, somit ein Entwicklungselement zum „Urteil der Notwendigkeit" (Enzy, § 177) zum Ausdruck. Im Rahmen der von Hegel gegebenen und unmittelbaren Formel „das Einzelne ist das Allgemeine" ist nämlich nun „über die unmittelbare Einzelheit des Subjekts hinausgegangen" (Enzy, §174) und das Subjekt bekommt jetzt die Bestimmung der Besonderheit, nämlich es gilt als ein Besonderes von mehreren reflektierten Dingen. Zwischen der anfänglichen unmittelbaren Identität von Einzelheit und Allgemeinheit tritt nun die vermittelnde Besonderheit zum Trage, die ihrerseits sich als Allgemeinheit entfaltet.

Lösung zum Szenarium ß, gekennzeichnet als Lösung 2: Das zweite Problem, warum aus einer Menge einzelner Wahrnehmungen gerade eine bestimmte Bezeichnung hervorgeht, z.B. wieso man im Blick einer Tomate und eines Apfels die beiden gerade mit „Rotes" statt mit "blau" zu bezeichnen hat, findet seine Lösung im Szenarium α, das uns lehrt, dass das Bestehen der einzelnen Wahrnehmungen in der Anschauung nicht ein grundloses ist, sondern Resultat von begrifflicher Ausmachung gemäß ihren eigenen Merkmalen ist. Die gemeinsame Bezeichnung einer Menge ist eigentlich nichts anders als die Konstatierung des gleichen Merkmals von mehreren Wahrnehmungen. Eben in der Hinsicht, dass gewisse Merkmale bereits jeweils einzelnen Wahrnehmungen zugrunde liegen, ist es keine prinzipielle schwierige Aufgabe, das gleiche Merkmal herauszufinden und es als allgemeine Bezeichnung gelten zu lassen. Es versteht somit von selbst, warum mehrere einzelne angeschaute Dinge gerade diese oder jene Bezeichnung teilen. Diese Bezeichnung ist also selbst als diese Dinge konstituierendes Merkmal ihnen immanent. Ich subsumiere z.B. den vorliegenden Apfel und die Tomate deshalb gerade unter der Bezeichnung „Rotes", weil ich „rot" als das gemeinsame Merkmal der beiden festgestellt habe, ohne welches ich keines von den beiden jemals aus der Anschauung identifiziert hätte[37].

Eine komplementäre Interpretation der beiden Urteilstypen durcheinander fordert, das Szenarium α und ß immer in Bezug aufeinander zu betrachten, d.h., dass die beiden Szenarien weiterhin noch in ein einheitliches Szenarium γ integriert werden sollen, das die oben beschriebenen beiden Lösungen zugleich berücksichtigt. Beispielsweise muss nun in dem Urteil „der Apfel ist rot" sowohl das begriffliche Prädikat „rot" als auch das anschauliche Subjekt „der Apfel" als gegründet gelten, damit das sie zusammentragende Urteil ebenfalls gegründet ist. Ein solch gegründetes Urteil, das im Szenarium γ zu erreichen ist, ist nichts anders als das *„Urteil des Begriffs"* (Enzy, § 178 - § 180). Den Zustand, in dem das Urteil selbst ontologisch gegründet ist – weil wie gesagt sowohl sein Subjekt als auch sein Prädikat ontologisch gegründet sind –, beschreibt Hegel so: *„Das Urteil des Begriffs hat den Begriff, die Totalität in einfacher Form, zu seinem Inhalt"* (Enzy, § 178). Der Inhalt des Urteils ist für Hegel die gegenüber den speziellen Formunterschieden gleichgültige Identität des Subjekts und Prädikats, die im Urteil schlechthin durch die Kopula „ist" artikuliert werden kann (s. Enzy, § 169). Er ist ebenfalls die Totalität, d.i. die

---

[37] Diese Lösung verkündet schon den Anfang der Entwicklung zum Urteil der Notwendigkeit. Dazu sagt Hegel: „dies Allgemeine ist nicht nur etwas außer und neben anderen abstrakten Qualitäten oder bloßen Reflexionsbestimmungen, sondern vielmehr das alles Besondere Durchdringende und in sich Beschließende". Das Allgemeine nun als „Gattung" ist, anstatt wie im bloßen Reflexionsurteil das Kennwort „eines äußeren Bandes", vielmehr „der Grund und Boden, die Wurzel und die Substanz des Einzelnen" (Enzy, § 175, Zusatz). Dadurch, dass z.B. das Prädikat „rot" als „mit der negativen Reflexion-in-sich des Subjekts identische Allgemeinheit" (Enzy, § 175), oder als „Substanz oder Natur des Subjekts" (Enzy, § 177) gilt, ist das Urteil „der Apfel ist rot" schon ein kategorisches Urteil, indem die allgemeine Bezeichnung „Rotes" zugleich als eine wesentliche Eigenschaft von dem „Apfel" gilt. Es müsse gerade diese allgemeine Bezeichnung oder Prädikation geben, ansonsten gäbe es ihre einzelnen Exemplare bzw. Subjekte gar nicht.

allumfassende Bestimmtheit, oder das Allgemeine. Wenn dieser absolute Inhalt selber als Inhalt eines Urteils entpuppt wäre, so bedeutet es selbstverständlich nichts anders, als dass dieses Urteil nun notwendig bestünde bzw. ontologisch gegründet wäre. Ob dieses Szenarium realisierbar ist, mag zunächst dahin gestellt werden.

Szenarium γ: Ich ordne einer einzelnen Wahrnehmung A deshalb gerade ein Merkmal a zu, indem ich das Urteil „A ist a" fälle, weil ich durch die Reflexion das „a" zugleich als die gemeinsame Bezeichnung von einer Menge von einzelnen Wahrnehmungen {A, B, C} festgelegt habe. Das entspricht nichts anderem als der im Szenarium ß dargebotenen Lösung 1, nämlich der Zurückführung des bestimmenden Merkmals auf die reflektierte Bezeichnung bzw. des Wahrnehmens auf das Denken. Auf der Frage, warum ich gerade der Wahrnehmungsmenge {A, B, C} ihre Bezeichnung „a" erteile, werde ich antworten: weil ich A, B, C zuvor jeweils an ihren Merkmalen a', b', c' aus der Anschauung ausgemacht habe. Diese Antwort entspricht der im Szenarium α dargebotenen Lösung 2, weil sie wieder eine Zurückführung der repräsentierenden Bezeichnung auf das bestimmende Merkmal bzw. das Denken auf das Wahrnehmen auffordert.

Insgesamt unterscheidet sich das Szenarium γ von dem Szenarium α und ß dadurch, dass es eine wechselseitige Referenz von Anschauung und Denken aufweist. Im Szenarium α lautet die Referenz zuerst nur „**Merkmal→Anschauung**" oder die identifizierende Wahrnehmung schlechthin, und die Lösung zu seinem Problem fügt das Moment der Reflexion hinzu und sieht so aus: „**Anschauung→Bezeichnung**/Merkmal→Anschauung" oder damit gleichwertig die Formel α-1: „(Anschauung→Bezeichnung) = **Reflexion→Anschauung**". Im Szenarium ß lautet die Referenz zuerst nur „**Anschauung→Bezeichnung**" oder die äußere Reflexion schlechthin, und die hinzugefügte Lösung zu seinem Problem heißt „**Merkmal→Anschauung**→Bezeichnung" oder damit gleichwertig die Formel β-2: „(Merkmal→Anschauung) = **Wahrnehmung→** (Anschauung →Bezeichnung) = **Reflexion**". Sie sind alle noch nicht vollständig, um den Hegelschen Begriff zu widerspiegeln. Das vollständige Referenzverhältnis im Szenarium γ, indem man das Referenzverhältnis im Szenarium α und ß nahtlos zusammenfügt, darf man in einer Zusammenfassung der Ergebnisse wie folgt schreiben: „…**Anschauung→Bezeichnung/Merkmal→Anschauung→Bezeichnung/Merkmal…**".

Dürfte man Reflexion und Wahrnehmung in grober Weise jeweils für Denken und Anschauung halten, so erhalten wir in Anlehnung an die Formel α-1 und die Formel β-2 folgendes schematisiertes Verhältnis: „…**Denken→Anschauung→Denken…**"[38].

---

[38] In diesem Schema verbirgt sich schon eine Überleitung zum Hegelschen Schluss, der in der Dimension der Unendlich-

Besonders erwähnenswert ist Folgendes: Die Lösung 1 zum Problem im Szenarium α und die Lösung 2 zum Problem im Szenarium ß sind, trotz der in ihm konstatierten wechselseitigen Referenzen, noch nicht vollständig, weil ihnen die Dimension der Unendlichkeit fehlt. Hinsichtlich dieses Problems sagt Hegel mit Recht, dass *„der Standpunkt des Urteils die Endlichkeit [ist]"*, denn *„ihre Momente sowohl bereits verschieden als überhaupt trennbar sind"* (Enzy, § 180). Gemeint ist, dass in der Dimension des endlichen Urteils das Verhältnis, das mit dem Pfeil „→" ausgedrückt wird, grundsätzlich irreversibel ist. Somit sind Glieder auf den beiden Seiten des Pfeils voneinander sowohl eindeutig verschieden als auch trennbar. D.h. das Glied links des Pfeils ist unabhängig von dem rechts des Pfeils und auch umgekehrt.

In einem Wort kann das einzelne Urteil in der Dimension der Endlichkeit die wahrhafte Allgemeinheit des Begriffs, nämlich die dialektische Einheit der Begriffsmomente nicht erreichen, worin aber der Begriff erst wahrhaft vervollkommnet werden kann. D.h., die beiden Lösungen sind auf der Ebene des Urteils noch nicht wirklich miteinander vereinigt. Das Szenarium γ ist also in der Dimension der Endlichkeit nicht realisierbar. Laut dem in der Lösung 1 aufgewiesenen Referenzverhältnis ist die Anschauung im Gegenüber zum bestimmenden Merkmal erstrangig[39], indem sie dieses als reflektierte Bezeichnung entlarvt, sodass man endgültig im Empirismus geraten würde. Es käme letztendlich darauf an, welche Anschauung sich darbietet, um die Bezeichnung bzw. Begrifflichkeit zu ermöglichen, die von uns dann als Merkmal zur Bestimmung von weiteren Wahrnehmungen eingesetzt wird. Das Urteil „A ist a" würde in dieser Hinsicht nur als zufällig gültige Erkenntnis anerkannt, denn es würde bei der Feststellung des Merkmals a als Prädikation der anschaulichen A letztendlich allein auf die sinnliche Anschauung zurückgehen.

Laut der Lösung 2 ist das Merkmal und die Begrifflichkeit ehe erstrangig. Die Begrifflichkeit ist hier von immanenter Art anstatt wie bei der Lösung 1, worin das Merkmal qua Bezeichnung überwiegend von kontingenter Art ist. Mit anderen Worten: Die Welt wäre in der Lösung 2 so offenbar mit unseren Ideen oder Gesetzen belegt, dass Dinge uns nichts anders erscheinen könnten, wie die Vernunft ihnen vorschreibt. Man hätte dann konsequenterweise einen Rationalismus zu vertreten, der die Prädikation

---

keit drei „Figuren" des qualitativen Schlusses geltend macht: E-B-A, A-E-B, B-A-E (s. Enzy, § 183-§ 187). Unser Schema, das „...A→E/B→A→E/B→A..." lautet, kann dann in Übereinstimmung mit Hegel genau drei Variante haben: „...E/B→B→A...", „...A→E→E/B...", „...B→A→E...", wenn man z.B. die „Anschauung" als A, das „Merkmal" und die „Bezeichnung" jeweils als B und E bezeichnete. Es ist einleuchtend, dass es sich bei unserem Schema tatsächlich um einen „Kreislauf der Vermittlung seiner [des Begriffs] Momente" (Enzy, § 181), nämlich um den Schluss geht, dessen Begriffsmomente „als Subjekt und Prädikat unterschieden sind" (Enzy, § 180), worauf die Differenz der drei Figuren des Schlusses, d.i. die Differenz der dreierlei Arten, wie der Kreislauf realisiert wird, fußt.

[39] Man entnimmt diesen Punkt auch aus dem Schema „Anschauung→Bezeichnung/Merkmal→Anschauung", wobei die Anschauung auf beiden Seiten steht, was besagt, dass die Anschauung der Ausgang-und Endpunkt in der Lösung 1 darstellt. Hingegen ist die Anschauung in der Lösung 2 aufgrund des Schemas „Merkmal→Anschauung→Bezeichnung" offensichtlich zweitrangig, da sie von der Begrifflichkeit (Merkmal/Bezeichnung" umgegeben wird.

des Urteils „A ist a" für die Selbstoffenbarung irgendeiner von der Anschauung bzw. Erfahrung unabhängigen Idee a halten würde, an der das anschauliche A nur teilhätte oder wovon dieses A erst konstituiert würde. Dieser Rationalismus verhält sich zu empirischer Erkenntnis weder süchtig noch feindlich. Es käme nicht darauf an, was die Erfahrung uns vermittelt. Wir würden prinzipiell nicht von der Natur überrascht, denn sie wäre im Grund genommen nur eine vernunftgemäße Konstruktion. Auch wenn wir die Details der Welt nicht untersuchen, sind sie einfach da, konstant und ewig. Die mittelalterlichen Scholastiker könnten gerade wegen ihrer Interesselosigkeit für die empirische Forschung und ihrer fanatischen Passion für die Metaphysik, die allein über die erfahrungsunabhängige Grundstruktur der Welt spekulieren will, als Vertreter dieser radikalen Rationalisten gelten.

2.3 Die ontologische Notwendigkeit des Schlusses

Ein Schluss in der gewöhnlichen formalen Logik ist ein Urteil, das sich als Synthesis zweier Prämissen ergibt. Hat man das Urteil (1) „a ist b", das Urteil (2) „b ist c", so ist das Urteil (3) „a ist c" ein Schluss aus Prämisse (1), (2). Ich werde ihn hinterher wie folgt kennzeichnen: (1)+(2)→(3). Hegels Schluss muss auch im Sinne von Synthesis der Urteile verstanden werden, und zwar folgendermaßen:

Der Grund, warum ich der Wahrnehmung a gerade das Merkmal c zuspreche, wobei man das Urteil „a ist c" fällt, liegt demnach in den Wahrnehmungen a und b. Dass gerade a und b hier eine Rolle spielen, ist darauf zurückzuführen, dass a das Merkmal b hat und b das Merkmal c hat. Das heißt insgesamt, dass ich deshalb das Urteil „a ist c" fälle, weil ich die Urteile „a ist b" und „b ist c" gefällt habe. Das „a ist c" ist nämlich ein Schluss aus den Prämissen „a ist b" und „b ist c". Um „a ist b" und „b ist c" als Prämisse benutzen zu können, muss ich sie jeweils als Schlüsse von weiteren anderen Prämissen betrachten und usw., bis sich endlich ein System von Schlüssen bildet. Im System der Schlüsse, das vor allem ein System von Urteilen ist, ist jedes Urteil in zwei Richtungen an dem Prozess der Schließung beteiligt: einmal als Schluss aus den Prämissen und einmal selber als Prämisse, um auf andere Schlüssen zu schließen.

Auffallend ist hier, dass in diesem System jeder Schluss eine Verbindung von Wahrnehmungen sind, wie im obigen Beispiel schon gezeigt ist, dass b sowohl ein Merkmal von a als auch selber eine Wahrnehmung ist, die das Merkmal c hat, so dass der Schluss „a ist b" eine Verbindung von zwei Wahrnehmungen darstellt. Ein rein gedankliches Merkmal gibt es in diesem System der Schlüsse nicht. Hier zeigt sich der Unterschied des Hegelschen Vernunftschlusses zum formalen Verstandesschluss, wobei der letztere die *„negative und abstrakte Form des Begriffs"*, d.i. die abstrakte Merkmale, während der erstere „*das Positive und Konkrete*" (Enzy, § 182, Zusatz), d.i. die Wahrnehmungen, gebraucht. Die Schließung aus zwei Prämissen wird nicht mehr wie in der formalen Schließung als bloß „*unser subjektives Tun*" (Enzy, § 181) betrachtet, sondern ihr Grund liegt auch in den Wahrnehmungen selbst als Einzeldingen.

Der Hegelsche Schluss hat im Vergleich zum Schluss in der formalen Logik überdies noch einen ontologischen Anspruch, nämlich als solcher ontologisch notwendig zu gelten, denn der Hegelsche Schluss ist, wie schon gesagt, die Verbindung der konkreten Wahrnehmungen, die unmittelbar mit dem Seienden zusammenhangen.

Aber das Referenzmodel im Szenarium

γ „…Anschauung→Bezeichnung/Merkmal→Anschauung→Bezeichnung/Merkmal…" weist darauf hin, dass durch den Schluss weder bloß einzelne Wahrnehmung noch bloß einzelnes Merkmal, sondern ihr Verhältnis, nämlich das Urteil als notwendig gegründet werden soll. Dennoch ist die ontologische Notwendigkeit eines jeden Urteils qua Schluss von der seiner Prämissen abhängig, so dass die absolute Notwendigkeit aller im System befindlichen Schlüsse erst in der Dimension der Unendlichkeit gedacht werden kann, denn es ist unbefugt, zwei allen anderen Schlüssen zugrundeliegenden Prämissen, deren Notwendigkeit keiner Begründung bedürfte, vorauszusetzen. Über die Unentbehrlichkeit der Dimension der Unendlichkeit für den Anspruch der absoluten Notwendigkeit des Schlusses äußert Hegel so: „*Dieser Widerspruch des Schlusse [als der Widerspruch zwischen der Unmittelbarkeit der Beziehung der Extreme auf die Mitte, d.h. der Unmittelbarkeit der beiden Prämisse, und dem Anspruch auf die Notwendigkeit dieser vermittelnden Einheit, d.h., des Schlusssatzes] drückt sich wieder durch einen unendlichen Progress aus, als Forderung, dass die Prämissen gleichfalls jede durch einen Schluss bewiesen werden; da dieser aber zwei ebensolche unmittelbare Prämissen hat, so wiederholt sich diese, und zwar sich immer verdoppelnde Forderung ins Unendliche*" (Enzy, § 185).

Das System der Schlüsse ist daher so beschaffen wie ein unendlich ausgedehntes Netz, dessen Knotenpunkte die Urteile sind. Das Besondere an diesem Netz ist, dass, was die Knotenpunkte verknüpft, auch ausschließlich Knotenpunkte sind. D.h., Was in diesem Netz geknüpft wird und was knüpfend ist, sind ausschließlich Urteile. Aber eben dieser seltsame Charakter ermöglicht jedem Urteil, mit allen anderen Urteilen unmittelbar in Zusammenhang zu stehen. Anders ausgedrückt: Jedes Urteil stellt das unendliche System in eigener Weise und aus eigener Perspektive dar. Das kann man mit folgender Argumentation nachvollziehen:

Ein Urteil „a ist c" kann als ein Schluss gelten, indem man „a ist c" so kennzeichnet: „a ist c"= „a ist b" + „b ist c"; die Urteile „a ist b" und „b ist c" kann man wieder folgendermaßen umschreiben: „a ist b"= „a ist a*" + „a* ist b", „b ist c"= „b ist b*"+ „b* ist c", wobei das „b", „a*", „b*" beliebige Einzeldinge sein können. Daher hat man die Schließungskette: „a ist c"= {„a ist a*" + „a* ist b"} + {„b ist b*"+ „b* ist c"}. „a ist c" hängt somit mit jedem der vier auftauchenden Urteile zusammen. Z.B., „a ist c" hängt mit „b ist b*" dadurch zusammen, dass man folgendes hat: „a ist c"= {„a ist a*" + „a* ist b"} + "b ist b*"+ „b* ist c". D.h., „a ist c" lässt sich als ein Schluss darstellen, wobei „b ist b*" als eine seiner Prämisse dient, obzwar nicht als eine der beiden unmittelbaren Prämisse im Sinne des **klassischen Syllogismus**. In der Dimension der Unendlichkeit kann man im Anschluss an dem oben genannten Beispiel noch an die Möglichkeit denken, dass alle Urteile mit allen möglichen Urteilen zusammenhängen, nämlich jedes Urteil kann alle anderen Urteile als eigene Prämissen voraussetzen, so dass jedes Urteil gewissermaßen das EINE Ganze aller möglichen Schlüsse als seine Prämisse voraussetzt[40].

Diese These eines allgemeinen logischen Zusammenhangs bezeichnet Hegel mit dem mysteriösen Spruch *„Alles ist ein Schluss"* (Enzy, § 181). Damit meint er also, dass alles mit allem durch die Schließung zusammenhängt. Diese These hat weitere Konsequenz, die auch aufschlussreich für das Weltbild der modernen Naturwissenschaften sein kann.

Man könnte denken, dass ein jedes Urteil nur die Informationen von denjenigen Urteilen enthielte, die sich in der Route ihrer Entstehungsgeschichte befänden, d.h. die rückwärts als seine Prämissen oder als Prämissen der Prämissen und ihm sogar bis zum Unendlichen rückwärts lägen, gälten. Man sagt z.B., dass der Schluss „Sokrates ist sterblich" die Informationen von den Prämissen „Sokrates ist Mensch" und „Alle Menschen sind sterblich" enthält oder erbt, weil die Wahrheit des Schlusses in einer richtig vorgenommenen Schließung allein auf der Wahrheit seiner Prämissen beruht bzw. mit der Verneinung der Prämissen ebenfalls bestritten werden kann. Aber ein Hegelscher Schluss, z.B. ein Urteil α, beansprucht außerdem notwendigerweise die Information von den Urteilen, die ihm vorwärts auf der Route liegen und als Schlusssätze aus Urteil α und anderen Prämissen gefolgert werden sollen, ebenfalls zu enthalten. Denn ein Schluss setzt nach dem oben Genannten eigentlich das Ganze des Schlusssystems als Prämisse voraus. Dass ein wahres Urteil α die Informationen aller ihm vorangegangenen Urteile enthält, ist nicht schwer zu verstehen, denn das bedeutet, dass jenes Urteil von vorangegangenen Urteilen bzw. durch seine eigene logische Vergangenheit bestimmt ist.

---

[40] Um durch die Unendlichkeit zur Notwendigkeit bzw. zum „Schluss der Notwendigkeit" (Enzy, § 191 - § 193) zu gelangen, muss ein jeder Schluss gegenüber alle anderen wechselseitig die Rollen der Prämissen und des Schlusssatzes spielen können. Das ist Hegels Kerngedanke im „qualitativen Schlusses" (Enzy, § 183 - § 189), der zugespitzt ausgedrückt so lautet: „ein jedes Glied [einer Schließung] ebensowohl die Stelle eines Extremen als auch die der vermittelnden Mitte einnimmt" (Enzy, § 187, Zusatz). Außerdem ist die Entwicklung über den „Reflexionsschluss" (Enzy, § 190) notwendig, der darin besteht, dass nun „der Obersatz das, was Schlusssatz sein sollte, selbst voraussetzt als einen somit unmittelbaren Satz" (Enzy, § 190). Dies ist genau der Fall eines Reflexionsschlusses, wenn z.B. die Schließung „a ist c"= {...}+ „b ist b*"+{...} und die Schließung „b ist b*"= {...}+ „a ist c"+{...}, zugleich gelten können müssen. Endlich hat man also folgendes Verhältnis: Für beliebige Schlüsse x, y existieren Schlüsse A und B, so dass x= A+ y+ B gilt.

Es ist daher eine großartige Idee von der Hegelschen Logik, implizit behauptet zu haben, dass ein Urteil auch die Informationen **aller** ihm nachfolgenden Urteile enthalten soll. Es würde bedeuten, dass jenes Urteil von diesen Urteilen bzw. durch seine logische Zukunft bestimmt wäre, oder mit anderen Worten, dass die Vergangenheit durch die Gegenwart modifiziert werden könnte. Hieran erinnert sich man stark an dem Problem der modernen Quantenphysik. Beispielsweise wird im Doppelspaltexperiment die gewöhnlich für fixiert gehaltene Geschichte der Teilchen gleichsam durch unsere jetzige Beobachtung verändert. Die Teilchen gehen gleichsam in die Vergangenheit zurück und modifizieren ihre eigene Geschichte, um auf unsere jetzige spontane Beobachtungshandlung zu reagieren. Sie wollten gleichsam nicht von unserer Beobachtung überrascht werden bzw. nicht unwillkürlich von uns beobachtet werden.

Oder, von dem zeitlichen Moment des Sachverhalts absehend kann man an die Thematik der modernen Genwissenschaft denken, wie eine Zelle des menschlichen Körpers, z.B. eine Zelle im Haar, die gemeinsam mit Milliarden anderen Zellen zum Ganzen unseres Körpers gehören, in sich vollständige Informationen des ganzen Körpers in Form von Genen enthält, so dass es theoretisch sogar möglich ist, das gleiche Ganze des Körpers wieder aus beliebiger Zelle kultivieren zu lassen. In einem Wort kann das Ganze der Urteile einerseits als Ganze aller Schlüsse äußerlich jedem einzelnen Urteil bestehen, und anderseits wieder jedem Urteil innerlich vorhanden sein, indem jedes Urteil als ein Schluss die Information des Ganzen enthält, d.h. das Ganze selbst darstellt.

Eingebettet in das Ideal des unendlichen Systems der Schlüsse erweist sich jeder Schluss, z.B. ein Schluss ß, ontologisch als notwendig. Denn die Totalität aller seinen Prämissen, die als solche für die Wahrheit des Schlusses ß bürgen, setzt umgekehrt auch auf ihrer Seite den Schluss ß als ihre Prämisse voraus, so dass letztendlich es beim Schluss ß quasi um seine Selbstsetzung geht. In diesem Sinne ist jeder Schluss in Terminus Spinozas die *„causa sui"*, nämlich die Ursache von sich selbst, oder, in Hegels Wort, *„das Wirkende seiner selbst"* (Enzy, § 163). Der einzelne Schluss als *causa sui* markiert die Vervollständigung des einzelnen Begriffs.

2.4 Der einzelne Begriff und das Absolute

Als das Medium von *causa sui* bzw. als die Bedingung der Absicherung der ontologischen Notwendigkeit, heißt das unendliche Ganz der Schlüsse das Absolute. Seine Existenz muss als Ausgangspunkt vorausgesetzt werden. Das Absolute wird von Hegel am Anfang in seiner *Seinslogik* als *Sein* genannt, welches denknotwendig ist. D.h., seine Realität ist die genötigte Minimalbedingung, um überhaupt jede Form von Philosophieren zu ermöglichen, und ist so gegen alle Skeptizismus immun. Anton Friedrich

Koch siedelt es im *logischen Raum* im Sinne Wittgensteins[41] an. Der Prozess, wie sich das Absolut von dem anfänglichen einfachen Sein zu dem unendlich ausgedehnten System der Schlüsse entwickelt, nennt Koch die *„Evolution des logischen Raumes"*[42]. Koch redet hierbei von einem „Raum", denn ganz ähnlich wie der reale Raum im gewöhnlichen Sinne, dessen apriorisch konstruierte Bewohner in ihm allen geometrischen Eigenschaften der Dinge zugrundliegt, leistet die Evolution des Ansässigen im logischen Raum eine apriorische Konstitution aller logischen „Dinge", wie z.B. die ontologische Absicherung der gewöhnlichen Logik selbst.

Wie vorher erwähnt ist das Absolute einerseits eigentliche die Prämisse aller Schlüsse, sodass es jedem Schluss innerlich bleibt. Hegel nennt mit Recht die *„unmittelbare Voraussetzung"* des einzelnen subjektiven Begriffs, nämlich die *Substanz*, *„absolute Macht"* (Logik, S. 5). Damit dürfte man nämlich das noch in Form einer *Macht* jedem einzelnen Begriff innewohnende und nichtentwickelte Absolute, oder, dieselbe Sache beschreibend, den des Absoluten mächtigen einzelnen Begriff meinen. Andererseits ist das Absolute die Totalität der Resultate aller Schließungen bzw. der Inbegriff aller Schlüsse selbst, sodass ihm jeder einzelne Schluss wieder äußerlich ist, der bis jetzt nur noch mit bestimmter Perspektive verbunden ist und subjektiv heißen muss. Davon ausgehend handelt es bei dem Absoluten zwar wie bei jedem einzelnen Begriff als *causa sui* ebenfalls um Selbstverursachung, aber eben mittels einzelner Schlüsse in den Schließungen. Aufgrund dessen nennt Hegel das Absolute die absolute Idee, die den Antrieb hat, sich in den weiten logischen Raum zu entfalten bzw. zu verwirklichen.

Hegel hat seine *Begriffslogik* in drei Abschnitten eingeteilt. Der Subjektivität-Teil geht hauptsächlich darauf ein, dass die einzelnen Begriffe vom Absoluten ontologisch abgesichert werden, indem das Absolute „subjektiv" und perspektivisch innerhalb jedes Begriffs liegt und damit jedem Begriff ontologisch zugrunde liegt, während im Objektivität-Teil das Absolute aus den einzelnen Begriffen freigelassen bzw. entwickelt wird, um die „objektive" Wahrheit aus sich heraus zu etablieren. Im dritten Teil, dem Idee-Teil, geht es um die völlige Übereinstimmung des Absoluten innerhalb- und außerhalb des einzelnen Begriffs, nämlich die Vollendung der Selbstmanifestation des Absoluten.

Die Allgemeinheit des Begriffs, solange der Begriff sich auf der Ebene des Schlusses befindet, ist nichts anders als das Absolute, denn sie ist der Definition nach die *„freie Gleichheit mit sich selbst in ihrer Bestimmtheit"* (Enzy, § 163), nämlich das über die Negation erhobene Freie und ontologisch Absolu-

---

[41] Ludwig Wittgenstein: Tractatus logico-philosophicus, Logisch-philosophische Abhandlung, Suhrkamp, Frankfurt am Main, 2003, s. 1.13

[42] Anton Friedrich Koch: Evolution des logischen Raumes. Aufsätze zu Hegels Nichtstandard-Metaphysik, Mohr Siebeck, Tübingen, 2014, s. Einleitung, S 1-10

te. Dieses, als ein Begriffsmoment, verleiht dem Begriff überhaupt den **intuitiven** Charakter. D.h. es befähigt eine simultane Auffassung von der unendlichen Totalität in dem Sinne, dass ein einzelner Begriff als einzelne Wahrnehmung zugänglich gemacht und dabei als Einheit von unendlich vielen dinglichen Eigenschaften begriffen wird. Archimedes hat einen berühmten Spruch: „gib mir einen Punkt, wo ich hintreten kann, und ich bewege die Erde". Nun wäre Hegels Archimedes-Punkt wohl jede einzelne Wahrnehmung, in der ein und dasselbe Absolute in individueller und perspektivischer Weise dargestellt wird[43].

Der moderne Verehrer des Archimedes-Hebels, der wohl auch ein Anhänger von Hegels *Begriffslogik* sein könnte, ist Stephen Hawking, denn er behauptet, dass es theoretisch möglich sei, von jedem beliebigen Ding ausgehend ein Koordinatensystem aufzubauen, um das ganze Universum wissenschaftlich zu beschreiben[44]. Diese Forderung setzt nämlich voraus, dass die Wahrheit des Universums unabhängig von dem beobachtenden Standpunkt allein in der Totalität aller Beziehungen besteht, denn ein jeder Punkt kann nur in seiner Beziehung zu anderen verfasst werden und der Wechsel des Standpunkts muss nichts an der Totalität der Beziehungen selbst ändern. Diese Totalität selbst kann wiederum aus allen individuellen Standpunkten gleichwertig dargestellt werden.

Dass das Absolute sich noch nicht völlig entfaltet, spiegelt sich darin wider, dass es überhaupt ein Mannigfaltiges von einzelnen Begriffen gibt. Das jedem einzelnen Begriff innewohnende Absolute ist äußerlich zerbrochen in den einzelnen Begriffen, die voneinander differenziert sind. Dementsprechend erscheint in der intuitiven Anschauung ein Mannigfaltiges von raumzeitlich beschränkten einheitlichen Zonen, nämlich den einzelnen Dingen. Die Wiederherstellung des Absoluten ist im ersten Schritt nur durch äußerliche Verbindung der Einzelnen durch das Denken möglich, da ihre Einheit als Absolutes im Grund genommen nicht einmal als solches unmittelbar manifestiert worden ist. Die Auffassung der Verbindung der einzelnen Dinge ist daher zunächst auf der sogenannten Gegebenheit in der Anschauung und dann auf der Vermittlung durch das Denken angewiesen. Die Gegebenheit der Anschauung und die Vermittlung des Denkens sind aber eigentlich zwei Seiten derselben Münze. Aber die Verbindung im Gedanken ist im Vergleich zur intuitiven Erfassung der Einzelnen in der Anschauung **diskursiv**: Ohne den Stein und die Wärme jeweils, und in diesem Sinne diskursiv, als separate Gegebenheit zur Kenntnis genommen zu haben, komme ich nicht zu dem Urteil bzw. dem Schluss, dass der Stein warm sei.

---

[43] Im Anfang des Objekt-Teils, also auf § 194 der Enzyklopädie (1830), erinnert Hegel mit Recht stark an Leibniz' Monadenlehre, dass in jeder Monade die Totalität der Weltvorstellung vorhanden sei.

[44] Vgl. Stephen Hawking: Der große Entwurf. Eine neue Erklärung des Universums, Rowohlt, 2010, s. S. 38-58

Der Mythos der Gegebenheit bzw. des Dings an sich beschreibt als eine Problematik gerade das unvermeidbar äußerlich anscheinende Verhältnis zwischen dem noch nicht wiederhergestellten Absoluten und dem einzelnen Begriff: Das Absolute ist zwar als immanentes Moment der einzelnen Wahrnehmungen unabdingbar, aber das Absolute ist zuerst von den einzelnen Begriffen so auf diskursiver Weise zusammenzuschließen, dass das Absolute außerhalb des Einzelnen ehe als ein undurchdringbarer Mythos oder als unerkennbares Ding an sich erscheint. Das hat zur Folge, dass die Erscheinung des einzelnen Begriffs einerseits so unabdingbar ist wie das ihm immanente Absolute, und andererseits seine Gegebenheit auch genauso unhintergehbar wie das ihm noch äußerlich bleibende, unvollendete und epistemisch unzugängliche Absolute. Eine Schellingsche intellektuelle Anschauung oder ein anschaulicher Verstand, der beansprucht, auch alle Verbindungen zwischen den Begriffen intuitiv. bzw. anschaulich aufzufassen, weist Hegel nachdrücklich zurück[45]. Der intuitive Charakter der Anschauung weist zwar eine Unmittelbarkeit auf, aber da die Einzelheit bzw. das Element der Negation überhaupt noch der Allgemeinheit gegenübersteht bzw. da die dialektische Bewegung noch nicht auf der Ebene der Idee abgespielt ist, ist jene Intuition allein nichts aussagend bzw. selber unverständlich[46]. Aus demselben Grund sind die Gedanken an sich allein zwar transparent und verständlich, dennoch leer und im wörtlichen Sinn Nichts aussagend. Insgesamt ist die Differenz von Anschauung und Denken auf die Differenz der Begriffsmomente von Allgemeinheit und Einzelheit rekurriert, aber die Differenz darf weder absolut sein noch wie bei Kant bis auf die Dichotomie vom Denken und Anschauung zugespitzt werden, sondern sie muss in Hegels *BegriffsLogik*, näher über die *Objektivität* bis endlich in der *Idee* aufgehoben werden können.

---

[45] S. Alexander Timofeev: „Das Problem der Anschauung bei Schelling und Hegel", in: Verbum, Band 15, 2015, S. 121-128

[46] Der intuitive Charakter der Anschauung verdankt sich demnach dem Absoluten, dessen Instanz die Vernunft ist. Die Manifestation des Absoluten sowohl setzt den diskursiven Charakter des endlichen Denkens voraus als bedingt auch diesen in einem regulativen Gebrauch der Vernunft. So kann man, in Analog zu der Kantschen Aussage „Gedanken ohne Inhalt sind leer, Anschauungen ohne Begriffe sind blind" (A 51/B 75), behaupten: „Vernunft ohne Verstand ist leer, Verstand ohne Vernunft ist blind". S. Günter Zöller für genau diesen Satz, S. 54-59

3. Eine Kritik Hegelscher Art an Kants Lehre der Logik

Im ersten Teil der Arbeit wird die Kantsche Problematik der Erfahrung, die aus seiner Position der Dichotomie unvermeidlich hervorgeht, dargelegt. Der folgende Teil dieser Abhandlung wird auf diese Problematik zurückgreifen, aber mithilfe der im zweiten Teil eingeführten Theorien der Hegelschen *Begriffslogik*. D.h., es wird im Folgenden eine Kritik Hegelscher Art an Kants Erfahrungstheorie ausgeübt werden, woraus klar sein wird, inwiefern das Hegelsche Konzept einen Lösungsvorschlag zum Kantschen Problem der Erfahrung abgeben kann.

3.1 Das Urteil als wahrheitsgemäßer Begriff

3.1.1 Die EINE unbestimmte synthetische Vorstellung des Gegenstands bei Kant

Kant zufolge stellt das einfachste Urteil zumindest der Form gemäß einer Zusammenfügung zweier Begriffe durch die Kopula „ist" dar. Was den Inhalt des Urteils betrifft, so unterscheidet er zwischen dem analytischen Urteil und dem synthetischen. Bei dem ersteren gilt der Prädikatbegriff als im Subjektbegriff enthalten, sodass man behaupten kann, dass das ganze analytische Urteil implizit im Subjektbegriff enthalten ist. Was aber im alltäglichen Leben am häufigsten gebraucht und für die Erfahrungserkenntnis von erheblicher Relevanz ist, ist das synthetische Urteil. Dieses besteht nach Kant in der Darstellung der äußeren Beziehung zweier Begriffe, oder in der Synthesis des Subjektbegriffs und des Prädikatbegriffs durch das Denken. Die Verbindung kann nicht aus dem Subjektbegriff abgeleitet werden. Davon ausgehend sollte Kant der Meinung sein, dass das synthetische Urteil und sein Subjektbegriff voneinander streng zu unterscheiden sind.

Kant sagt im Abschnitt *„von dem logischen Verstandesgebrauche überhaupt"* der *KrV*, der Verstand sei das Vermögen zu urteilen, einfacher gesagt, ein Urteilsvermögen. Er sagt außerdem, der Verstand sei auch das Vermögen, *„durch Begriffe"* (A 69/B 94) zu denken. D.h., der Begriff selbst ist nicht ein Urteil, sondern man erkennt **mit** dem Verstand **in** dem Urteil und **durch** die Begriffe. Diese nuancierte Auseinandersetzung mit der Terminologie dient dazu, darzulegen, dass Kant den Begriffen, insbesondere den reinen Begriffen, eine grundlegendere Rolle als dem Urteil zugesteht. Vermutlich ist das auch der Grund, warum Kant seine Kategorientafel in Anlehnung an Typen der Urteilsfunktionen als fixiert vorgeben und es objektiv bzw. unabhängig vom individuellen Subjekt gelten lassen will. Die Kategorien als reine Begriff liegen dem logischen Gebrauch des Verstands im Urteilen überhaupt zugrunde. Das ist etwas, was Kant in §19 der *Kritik*, die zur transzendentalen Deduktion gehört, uns lehren wollte.

Kant betrachtet den Begriff noch angesichts seiner Unterscheidung zu der Anschauung und sagt folgendes: *„Da keine Vorstellung unmittelbar auf den Gegenstand geht, als bloß die Anschauung, so wird ein Begriff niemals auf einen Gegenstand unmittelbar, sondern auf irgendeine andere Vorstellung von demselben (sie sei Anschauung oder selbst schon Begriff) bezogen. Das Urteil ist also die mittelbare Erkenntnis eines Gegenstands, mithin die Vorstellung einer Vorstellung desselben. In jedem Urteil ist ein Begriff, der für viele gilt, und unter diesem vielen auch eine gegebene Vorstellung begreift, welche letztere dann auf den Gegenstand unmittelbar bezogen wird"* (A 68/B 93).

Im von Kant selbst genannten Beispielsurteil: *„ein jedes Metall ist ein Körper"* (A 69/B 94), ist der Gegenstand „Metall" durch den Begriff „Körper" gedacht, indem beim Denken des Metalls dieses unter dem Begriff „Körper" begriffen wird. Der Begriff „Körper" bezieht sich nur mittelbar auf den Gegenstand „Metall", zwar durch die Vermittlung der Vorstellung „Metall". Kant hätte bei der Frage ins Schwanken geraten sein müssen, ob er hier den Subjektterm „Metall" als Anschauung oder Begriff bezeichnen sollte, und nennt ihn daher pauschal eine Vorstellung: *„sie [die Vorstellung] sei Anschauung oder selbst schon Begriff"*. Kants Schwierigkeit ist hier nicht schwer einzusehen: einerseits möchte er sagen, dass der Subjektterm, in diesem Sinne als Anschauung, unmittelbar auf den Gegenstand bezogen sei, damit man sagen könne, der Gegenstand „Metall" werde in jenem Urteil gedacht. Andererseits ist der Subjektterm „ein jedes Metall" eindeutig keine Anschauung, sondern ein Begriff. Kants Lösung, insbesondere seine vage Verwendung des Terminus „Vorstellung" hat zur Folge, dass Kant unter dem „Begriff" in einem Urteil nur den Prädikatsbegriff zu verstehen pflegt.

„Er ist nur dadurch Begriff, dass unter ihm andere Vorstellungen enthalten, sind" (A 69/B 94). Ein allgemeines Wort, z.B. das „Metall", darf Kant zufolge erst dann eindeutig als ein Begriff betrachtet werden, wenn er ein Prädikatsbegriff sei, denn erst an der Stelle des Prädikats erhalte das Wort „Metall" eindeutig die Bedeutung, dass es die Anschauung des Gegenstands unter sich subsumiert und etwas von diesem prädiziert.

Kant erteilt dem Subjektbegriff vor diesem theoretischen Hintergrund, im Gegensatz zum Prädikatsbegriff, der nach dem eben gesagten tatsächlich allein die Roll des Begriffs übernehmen sollte, die Aufgabe, einen denkbaren Gegenstand zum Denken zu liefern. Dies lässt sich folgendermaßen verstehen: Die Anschauung, die angeblich unmittelbar auf den Gegenstand bezogen ist, ist an sich mannigfaltig. Anders ausgedrückt gibt es in der Anschauung ursprünglich eigentlich nicht EINE Vorstellung des Gegenstands, sondern nur mannigfaltige gegebene Vorstellungen, die nur im Sinne davon, dass sie sich zur objektiven Einheit verbinden lassen, als auf EINEN Gegenstand unmittelbar bezogen gelten. Damit aber es EINEN **denkbaren** Gegenstand gibt, muss der Begriff des *„transzendentalen Gegenstand[s] = X"* (A

109) in die mannigfaltigen Vorstellungen hineingebracht werden, die dann als zu EINEM Gegenstand gehörig in einer Einheitsvorstellung gedacht werden. Diese einheitliche Vorstellung wird von dem Subjektwort im Urteil repräsentiert. Der Prädikatbegriff entscheidet darüber, auf welcher Art und Weise oder in welcher Hinsicht die Mannigfaltigen im Denken vereinigt werden sollen.

Aber das vorher erwähnte Problem besteht immer noch: die Einheit der EINEN Vorstellung ist nicht in der Sinnlichkeit gegeben, und diese Vorstellung selber ist somit nicht unmittelbar auf den Gegenstand bezogen. Das Denken, das unmittelbar auf diese einheitliche Vorstellung bezogen ist, wäre nicht mehr versichert auf den Gegenstand gerichtet, hätte man bei jener Vorstellung auch überhaupt nur einen mittelbaren Bezug auf Gegenstand. Ohne sicheren Bezug auf den Gegenstand würde die Erkenntnis ihren Wahrheitsanspruch aufgeben müssen, da die Wahrheit Kant zufolge *„in der Übereinstimmung einer Erkenntnis mit ihrem Gegenstande besteht"* (A 58/B 83).

Das umformulierte Dilemma Kants lautet daher: Einerseits, um den Gegenstand zu denken, muss man ihn überhaupt als EINEN vorstellen. D.h. man muss mithilfe des Begriffs des transzendentalen Gegenstands das gegebene Mannigfaltige synthetisieren; Andererseits ist die Synthetisierung schon ein Akt des Denkens, somit hängt die daraus hervorgehende Einheitsvorstellung nicht mehr unmittelbar, sondern nur mittelbar durch das Denken mit dem Gegenstand zusammen, falls dieser jemals überhaupt in der Sinnlichkeit gegeben würde. Infolgedessen ist der Subjektterm des Urteils qua Vorstellung nicht die des Gegenstands selbst, sondern bestenfalls die der Erscheinung des Gegenstands. In einem Wort leidet das Denken, von Kants Standpunkt der Dichotomie von Sinnlichkeit und Begriff ausgehend, an dem unüberwindbaren Problem der Gegenstandsentfernung, falls der Gegenstand überhaupt gedacht wird. Die Rede davon, dass EIN Gegenstand in der Sinnlichkeit gegeben wird (vgl. A 50/B 74), stößt bereits gegen Kants eigene Lehre, dass in der Sinnlichkeit keine Synthesis gegeben werde.

Kant selbst würde sich vermutlich auch der Schwierigkeit bewusst. Daher sagt er nachdrücklich, dass der Subjektbegriff EINE *„Vorstellung von einem noch unbestimmten Gegenstand"* (A 69/B 94) ist. Damit wollte Kant wohl eine Abhilfe schaffen, dass die Erzeugung der EINEN Vorstellung, obwohl sie ein Akt des Denkens ist, nichts an dem Gegebenen geändert hat, d.h., dass das unmittelbar auf den gegebenen Gegenstand bezogene Mannigfaltige in der Anschauung keine zusätzliche Bestimmtheit wegen der Synthetisierung erhält. Dadurch, dass die EINE Vorstellung einem unbestimmten Gegenstand entspreche, bleibe sie in diesem Sinne dem ebenso unbestimmten, aber unmittelbaren Mannigfaltigen des Gegenstands getreu. Die EINE Vorstellung wäre in Kants Verständnis bloß regulativ zwecks der Aufsuchung der Erkenntnis anstatt konstitutiv zu sein in Bezug auf die ontische Beschaffenheit des gegebenen Gegenstands. In einem Wort möchte Kant sich durch die Definition des Subjektbegriffs als EINER unbestimmten Vorstellung aus der Schwierigkeit retten, sodass der Gegenstand, wovon im Urteil prädiziert wird, zu Recht eine Erscheinung ist, die keinen ontologischen Anspruch erhebt. Ein unbestimmter Subjektbegriff schließt sich an der vorher behandelten Kantschen Abgrenzung des Subjektbegriffs vom Urteil an, welcher erstere keine ontisch gegründete Bestimmtheit besitzt, und sagt folglich gerade das Gegenteil von der Hegelschen Lehre aus, dass ein Begriff aufgrund seiner Fülle von Bestimmtheit zugleich ein Urteil sei.

3.1.2 Die wahrheitsungemäße Bestimmung der Gegenstandsvorstellung bei Kant

Um den beiden Philosophen gerecht zu sein, muss man sich bei ihrem Streit um die Begriffs- und Urteilslehre unparteiisch nicht unbedingt Hegel beipflichten, besonders weil die einzelnen Theorien ihren eigenen Hintergrund hat und erst in einem System richtig beurteilt werden kann. Dennoch wird man zumindest einsehen können, dass, obwohl die Theorie der Unbestimmtheit des Gegenstands einen Ausweg anzubieten scheint, Kants Versuch, die betreffende Schwierigkeit loszuwerden, weder erfolgreich ist noch sein kann.

Nach diesem Konzept Kants geht es beim Denken eines Gegenstands tatsächlich um eine neue Konstitution desselben, denn erst durch das Denken wird von dem Subjektbegriff prädiziert, der dann auf einen erscheinenden Einzelgegenstand verweist. Aus der ursprünglich unbestimmten Vorstellung des Gegenstands überhaupt wird nun eine bestimmte, z.B. die des Metalls, indem der Gegenstand nachträglich z.B. als unter dem Begriff „Körper" subsumiert vorgestellt und davon bestimmt wird. Man gewinnt bei dem Hervortreten der Bestimmtheit aus der Unbestimmtheit des Gegenstands den Eindruck, als ob Etwas aus dem Nichts konstituiert werden könnte. Kant scheint der metaphysischen Meinung zu sein, dass die synthetischen Urteile a posteriori, obwohl sie bei der Bestimmung des Gegenstands allein auf der subjektiven Tätigkeit angewiesen ist, doch als getreue Wiedergabe des Weltgehalts gelten könnten, als ob es zwischen der bestimmenden Tätigkeit des Verstands und der objektiven Realität oder der Welt an sich eine Leibniz'sche prästabilierte Harmonie gäbe.

Diesbezüglich wird Kant ständig der Kritik ausgesetzt, dass es eigentlich kein reines synthetisches Urteil gebe, das allein aus der Synthetisierung seinen wahrheitsgemäßen Inhalt zu erzeugen beansprucht. Jedes dem Anschein nach synthetische Urteil, wie z.B. das Urteil *„ein jedes Metall ist Körper"*, müsse analytisches Wissen des Subjektbegriffs vorausgesetzt haben. Ohne vorab zu wissen, z.B. dass das Metall etwas Glänzendes und Festes ist, würde man gar nicht dazu kommen können, zu beanspruchen, dass der Begriff des Metalls mit dem Begriff des Körpers wahrheitsgemäß in Verbindung gebracht wird. Es muss dafür einen Einzelgegenstand „Metall" geben, der zunächst unabhängig von dem Begriff des Körpers erkennbar ist und dann mit dem Begriff des Körpers vergleichbar ist. Es stimmt daher nicht, dass es in der Anschauung zunächst nur unbestimmten Gegenstand qua Erscheinung gäbe und erst hinterher durch den Verstand nach und nach bestimmt würde, sondern die Bestimmtheit oder die Einzelheit des Gegenstands muss auch bereits in der Anschauung vorhanden gewesen sein[47]. Die Problematik lässt sich wie folgt resümieren: Von einem ontisch unbestimmten Gegenstandskonzept ausgehend ist Kants Erkenntniskonzeption also wahrheitsungemäß. Von dem Konzept des Erscheinungsgegenstands ausgehend ist Kants Erkenntniskonzeption unausweichlich aufgrund der Realitätsfremdheit dem Konstruktivismus und der Kontingenz verfallen.

In Bezug auf die Wahrheitsdefinition könnte man auch einen Einwand gegen Kant erheben: was ist das Kriterium der Übereinstimmung zwischen einem unbestimmten Gegenstand und der Erkenntnis, in der der Subjektterm als Vorstellung eines bestimmten Gegenstands enthalten ist, indem gerade von ihm prädiziert ist? Eigentlich wird aufgrund von der dichotomischen Grundposition Kants, dass die Anschauung und das Denken von völlig verschiedener Art Erkenntnisvermögen seien, die Ermittlung, ob die anfangs unbestimmte Einheit des Mannigfaltigen in der Anschauung im Denken getreue Bestimmungen erhält, d.h. ob der gegebene Gegenstand wahrheitsgemäß gedacht wird, verunmöglicht. Anders ausgedrückt können sich der gedachte Gegenstand und der sinnlich gegebene Gegenstand bei Kant wegen der Dichotomie nicht mehr als identisch erweisen.

3.1.3 Ein vom Hegelschen Begriff ausgehendes Lösungskonzept

Die wirkliche Lösung der Problematik besteht in der Abschaffung der Dichotomie der Sinnlichkeit und des Denkens und besteht begriffslogisch in der Einheit des Begriffs und des Urteils[48].

Kant kann zwar problemlos ein gegebenes Mannigfaltiges in der Anschauung annehmen, so dass das Denken desselben zuerst eine Synthesis desselben bedeuten sollte, dennoch muss und darf Kant nicht aus der Möglichkeit der Verbindung des Mannigfaltigen auf den völligen Mangel des gegebenen Mannigfaltigen an aller Verbindung schließen. Denn es könnte sein, dass das Mannigfaltige tatsächlich ein Mannigfaltiges von **Einzelnen** ist, die, solange sie nicht atomare Einheiten wären, jeweils schon Synthesen und dadurch voneinander sowohl unterscheidbar sind als auch in Zusammenhang stehen. Die syn-

---

[47] Hieran ist auf Peter Strawsons *Theorie der Voraussetzungen der Bezugnahme* zu verweisen, der zufolge man sich erst dann sinnvoll gedanklich auf einen Gegenstand bezieht, wenn der Gegenstand selber zunächst als Einzelner identifiziert werden kann. Die gedankliche Bezugnahme auf einen Gegenstand ist also voraussetzungsvoll. Vgl. Strawson, Kapitel 6.

[48] Über die Möglichkeit, wie Hegel unter der Aufbewahrung der traditionellen Wahrheitsdefinition als einer Korrespondenztheorie, die Kant auch vertritt, doch dazu fähig ist, die Schwäche der traditionellen Korrespondenztheorie durch den Verzicht auf die unterstellte Trennung von Begriff und Realität zu überwinden, s. Georg Sans SJ, „Was ist Wahrheit?", S. 108 – 113

thetische Einheit von dem Mannigfaltigen der Einzelnen ist dann nicht mehr völlig unbestimmt, sondern besitzt die Bestimmtheit, dass sie die Synthesis der Einzelnen ist und vielfaltige innerliche Bestimmungen aufweist. Da die synthetische Einheit für die Vorstellung EINES Gegenstands bzw. für den Subjektterm grundlegend ist, so ist auch dieser eigentlich nicht ontisch unbestimmt, sondern er enthält wie jene in sich synthetisierte Einzelne als seine Bestimmungen, die sowohl zueinander als auch in sich Bestimmtheit aufweisen. Gäbe es z.B. in der Anschauung eine Menge von den einzelnen Vorstellungen {a, b, c, d, ...}, deren Einheit man im Urteil α mit dem Begriff A repräsentiert, dann ist die Einheit A selber eine **an sich** bestimmte Einheit, denn man kann daraus Urteile wie „A enthält a", „A enthält b" etc. fällen. In einem Wort ist der Subjektterm in diesem Fall schon ein Urteil. Die Quintessenz besteht hier darin, dass die Einheit A gerade wie a, b, c, d ebenfalls ein ontisch bestehendes Einzelnes, das an sich a, b, c, d, etc. enthält.

Mit diesem Resultat schließt man sich bereits an Hegels Lehre des Begriffs an. Wie im zweiten Teil dieser Abhandlung schon ausgeführt wird, ist die einzelne Wahrnehmung ein einzelner Begriff im Sinne Hegels. Man bemerkt auch bei Kant, dass er dem Subjektbegriff die Rolle der Repräsentation der Einheit des Mannigfaltigen zuordnet und die Einheit bei Kant wieder nichts anders als ein Produkt des Denkens bedeutet, denn eine solche Einheit könne die reine Sinnlichkeit selber nicht hervorbringen. Im weiteren Sinne des Begriffs, nämlich als das, was der Sinnlichkeit heterogen ist, wäre die synthetische Einheit bei Kant schon eindeutig ein Begriff. Der Unterschied zwischen Kant und Hegel besteht daher vor allem darin, ob und inwiefern die synthetische Einheit überhaupt auch zur Sinnlichkeit gehört. Kant verhält sich konservativ und hält trotz seiner Konzeption des Schematismus an der dichotomischen Position fest, während Hegel, wie gesagt, den Begriff qua Wahrnehmung in die Sinnlichkeit nahtlos integrieren wollte, um das sinnlich gegebene Einzelne zugleich als Urteil geltend zu machen.

In Hegels Verständnis ist der einzelne Begriff die dialektische Identität der Begriffsmomente Allgemeinheit und Besonderheit. Die Besonderheit verhält sich unter dem Licht der Einzelheit zur Allgemeinheit nicht äußerlich, sondern ist mit dieser untrennbar. Das führt dazu, dass die **besonderen** mannigfaltigen Bestimmungen der einzelnen Wahrnehmung, die im Urteil durch die Prädikatsbegriffe zum Ausdruck gebracht werden[49], als in der Wahrnehmung selbst bzw. im Subjektterm enthalten

---

[49] Der Prädikatsbegriff, der Kant zufolge zwar unter sich mehrere Vorstellungen subsumiert und ein Allgemeineres heißen soll, ist nach Hegel doch auch Besonderes, nämlich als das besondere Allgemeine. Dass es mehrere unter sich subsumieren kann, bedeutet nur, dass es mehreren Besonderen als deren Prädikat zukommen kann. In dieser Phase sind, wie gesagt, das Allgemeine und das Besondere unmittelbar miteinander identisch, was aber keine wahrhafte Einheit der beiden besagt.

betrachtet werden müssen. D.h., die einzelne Wahrnehmung ist an sich, nicht bloß für den Verstand, eine bestimmte Einheit, deren Bestimmungen nicht erst von außen und nachträglich hinzukommen, sondern immanent sind.

Im Gegensatz dazu vertritt Kant durch seine Dichotomie von Sinnlichkeit und Denken eine klare Abtrennung von Allgemeinheit und Besonderheit. Die reine Anschauung ist die ursprüngliche Allgemeinheit, in der zwar die Mannigfaltigkeit vorkommt, dennoch keine Besonderheit vorhanden wäre. Das Bestimmen der einzelnen Wahrnehmung in der Anschauung wäre allein eine Leistung des Denkens, indem die Besonderheit zusätzlich und nachträglich zu der Allgemeinheit hinzuträte. Die synthetische Einheit, die dem Subjektbegriff zugrunde liegt, bedeutet bei Kant nur die Möglichkeit der Auswirkung der Besonderheit auf die Allgemeinheit, oder des Denkens auf die Anschauung. Anders ausgedrückt dient der Subjektbegriff für Kant nur als ein Zeichen für die unmittelbare Identität von Besonderheit und Allgemeinheit, damit der unverständliche Übergangsprozess von einem unbestimmten Mannigfaltigen (in der allgemeinen Anschauung) mittels der unbestimmten Einheit (des verbesondernden bzw. differenzierenden Verstands) bis zu der bestimmten Einheit (im empirischen denken) als möglich gelten könnte, was aber tatsächlich bloß als kontingent begriffen werden kann. Ohne die wahrhafte Einheit von Allgemeinheit und Besonderheit vorauszusetzen, hat die allein zum Behuf der Möglichkeit der Erkenntnis gesetzte Einheit der beiden keine Notwendigkeit. D.h., kein Urteil über diese Einheit kann als objektiv gültig anerkannt werden. Die Wahrheit des Urteils hat die Objektivität einzubüßen, da der Gegenstand, worauf der Subjektterm bezogen ist, bei Kant nur als Erscheinung gilt und ontisch nicht als solcher fundiert ist.

Zusammengefasst muss das Grundrahmen der Kantschen Philosophie gemäß dem Konzept des Hegelschen Begriffs abgeändert werden, damit das Wahrheitsproblem gelöst werden kann. Diese Änderung ist zweifach: Zum einen sollte das gegebene Mannigfaltige in der Anschauung als ein Mannigfaltiges von Einzelnen betrachtet werden, damit die Einheit des Mannigfaltigen nicht als an sich unbestimmt angesehen wird. Zum anderen soll dem entsprechend das Denken der Anschauung gegenüber nicht als ein rein konstituierendes, bestimmendes Denken gelten, sondern ist vor allem zugleich ein reflektierendes. D.h., die Synthesis der Einzelnen ist nicht aus Unbestimmtheit willkürlich bestimmt, sondern ist ein Ergebnis aus der Reflexion über die gegebenen Einzelnen, oder eine Abstraktion der reell bestehenden Tatsache aus dem Gegebenen.

Ein Sonderbeispiel dafür könnte folgendermaßen aussehen: Ich fälle das Urteil „der Apfel ist rot" nicht dadurch, wie Kant lehr, dass ich das gegebene unbestimmte Mannigfaltige von Sinneseindrücke, worunter „rot" gehört, zufälligerweise zu einem Gegenstand namens „Apfel" verbinde, und dann den atomare Eindruck „rot" in jenem Urteil als Prädikatsbegriff hinzudächte, sondern dadurch, dass ich in der Anschauung ein Mannigfaltiges von einzelnen Wahrnehmungen, wie „rot", „rund", „duftend" etc. empfinde, und dann den Apfel angesichts des immanenten Verhältnisses zwischen den einzelnen Wahrnehmungen als ihre Einheit bestimmt. Anders ausgedrückt: Im letzteren Fall ist das Denken des Apfels mittels des Prädikats „rot" zugleich die Reflexion über den bereits in den gegebenen einzelnen Wahrnehmungen enthaltenen Sachverhalt „der Apfel ist rot", der so objektiv besteht wie die einzelnen Wahrnehmungen.

3.2 Der Schluss als notwendiges Urteil

Dieses Beispiel ist deshalb nur als ein Sonderbeispiel zu nennen, weil es zwar das antikantsche Moment in Hegels Lehre artikuliert, dennoch dem Hegelschen Begriff selber ebenso wenig vollkommen entspricht und daher nur als ein Grenzfall desselben gelten kann. Es hat tatsächlich ein Erfahrungsurteil, das in Kants Augen ein synthetisches Urteil ist, als ein quasi-analytisches Urteil ausgelegt, indem der Prädikatsbegriff als solcher bereits in der Einheit des Mannigfaltigen in der Anschauung, nämlich im Subjektbegriff enthalten wäre. Aber es ist auch kein richtig analytisches Urteil, denn der Subjektbegriff ist selber kein vorgegebener Begriff, sondern ist auf der reflektierenden Urteilskraft, d.i. der Aufsuchung durch die Zusammenfassung und Durchlaufen des Gegebenen angewiesen. Diese Position kann man sofort mit der Frage konfrontieren, was entscheidet darüber, dass man aus dem Mannigfaltigen der Einzelnen in der Anschauung gerade diese oder jene bestimmte Einheit ausmacht. Ist es ein bloßer Zufall, dass ich z.B. aus dem Mannigfaltigen der einzelnen Wahrnehmungen gerade diesen bestimmten roten Apfel ausmache?

Kant sieht eine Erklärung zu dieser Frage allein in der Funktion des Verstandes, der aus eigener Spontaneität das Mannigfaltige verbindet, denn Kant hält die Sinnlichkeit für nicht unfähig, eine synthetische Einheit unmittelbar zu empfinden. Er hat teilweise Recht, denn es handelt sich bei dem Urteil im Allgemeinen nicht bloß um ein einfaches Herausnehmen der Einzelnen und ihrer Verhältnisse, als gäbe es in der Anschauung eine fixierte Menge von ihnen. Dagegen ist Kant aber so weit gegangen, dass er eine Dichotomie von Sinnlichkeit und Denken entwickelt, welcher ersteren alle innerlichen Beziehungen abzusprechen wären. Aus der nachträglich ausgeübten Verbindung des unbestimmten Mannigfaltigen ergibt sich dann ebenfalls nur eine unbestimmte Einheit im Sinne von einer in Ansehung des Inhalts nur kontingent ausgeübten Verbindung. Somit ist die Frage, warum gerade diese oder jene bestimmte Einheit erscheint, auch von Kant nicht wirklich vollständig beantwortet, sondern er hat bloß erklärt, wie überhaupt durch die synthetisierende Funktion des Verstandes ein lediglich möglicher und somit ontisch nichtfundierter Gegenstand erscheinen kann.

Hegel stimmt mit Kant an dem Punkt überein, dass das Einzelne aus der Synthetisierung entstehen müsse, aber nicht daran, wo die Synthesis möglich ist. Ein einzelner Begriff enthält notwendig den Begriffsmoment der Allgemeinheit, denn sie stellt eine Einheit oder Ganzheit dar. Die Frage ist nur: welche Allgemeinheit kommt hier ins Spiel, die Allgemeinheit, die mit der Einzelheit unmittelbar identisch ist, wobei die Besonderheit und somit auch die Synthesis unmittelbar gesetzt werden, oder die Allgemeinheit, die als die Totalität vom Besonderen gilt, welches folglich selbst als das Allgemeine erwiesen ist und als die negative Reflexion-in-sich des Allgemeinen begriffen werden kann? Das Allgemeine kann nur mittels des Besonderen zu sich zurückkehren. Das bedeutet, dass das Besondere wesentlich zu dem Allgemeinen gehört, und dass das gegebene Mannigfaltige wesentlich von dem Besonderen durchgedrungen ist, d.i. es ein Mannigfaltiges von Einzelnen ist. Das hat zur Folge, dass die Synthetisierung bei Hegel anstatt einer einfachen Setzung eher die Schließung heißen müsste, nämlich die Synthetisierung von einzelnen Urteilen. Was sich aus der Synthetisierung ergibt, ist dann keine unbestimmte Einheit, sondern einzelner Begriff, Urteil und Schluss.

Die Einsicht Hegels, den Begriff nicht bloß als Urteil, sondern zugleich als Schluss gelten zu lassen, ist deshalb in gewissem Sinne eine Fortsetzung der Kantschen Position, da sie zur Loswerdung des Eindrucks hilft, dass es unabhängig von dem Denken objektive Anschauung gäbe[50]. Mit der Schließung erkennt man bei Hegel eine von Kant selbst angekündigte erkenntnistheoretische „kopernikanischen Wende", dass die objektive Gültigkeit des Wissens nicht auf irgendeine objektiv anschaubare Welt zu überprüfen ist, sondern auf der Notwendigkeit des Denkens selbst zurückzuführen ist. Aber nicht unser diskursives Denken, sondern das begriffliche Moment, das die Anschauung wesentlich strukturiert, ist das, worauf die objektive Gültigkeit des empirischen Wissens endgültig ausgerichtet sein muss.

Darin besteht gerade die Differenz Hegels Begriffslehre zu Kants dichotomischer Position. Die Synthesis bei Hegel ist keineswegs ein transzendentales Denken im Sinne Kants, sondern sie muss stets qua Schließung auf Basis der Einzeldinge ausgeübt werden, die man gewöhnlich erst in der Erfahrung trifft. In Hegels Augen wäre Kant daran zu bemängeln, dass er den reinen Verstand und das empirische Denken, oder die bestimmende Urteilskraft und reflektierende Urteilskraft nicht wirklich in einer wesentlichen Einheit, die als solche die Vernunft heißen sollte, umfassen kann. Ohne das Denken als wesentlich reflektierend bzw. abstrahierend zu betrachten, bleibt dem Urteil die Bezugnahme auf die objektive Realität aus, und ohne das Denken als verbindend bzw. bestimmend zu betrachten, wäre das Urteil selbst aufgrund des Desiderats des Gegen-

---

[50] Hegels Schlusslehre bietet eigentlich ein epistemisches Modell, wodurch die Rezeptivität (rein analytisches Moment) der Erfahrung mit der Spontaneität (dem synthetisierenden Moment) derselben in enger Verbindung gebracht wird. Vgl. Beat Greuter, „Der Mythos des Gegebenen – Vernunft und Welt bei Kant und Hegel in der Perspektive der jüngeren analytischen Philosophie bei John Mcdowell und Robert B. Brandom", S. 91 -96

stands unmöglich. Der letztere Aspekt ist die Kantsche Erbe und der erstere Aspekt das, was Hegel als Nachfolger von Kant zu ergänzen weiß. Insgesamt gilt es: das Urteil kann erst als ein im Absoluten eingebetteter Schluss wahr sein bzw. objektiv gelten.

3.2.1 Die Untrennbarkeit des Erfahrungsurteils und des Wahrnehmungsurteils

Kants Unterscheidung des Wahrnehmungsurteils und des Erfahrungsurteils in seiner *Prolegomena* gilt als eine optimale Gegenfolie für die Darlegung der Bedeutung des Hegelschen Schlusses für die Letztbegründung des empirischen Wissens im Sinne des Aufzeigens seiner Objektivität. Umgekehrt wird erst mit der Einführung des Begriffs des Hegelschen Schlusses die Unterscheidung der beiden Urteilsarten wirklich verständlich und gewissermaßen gerechtfertigt. In einem Wort: Kants Unterscheidung jener beiden Termini bietet sich als eine gute Einführung zur Überlegung über den Hegelschen Schluss an, obwohl Kant selbst in Benutzung seiner Termini ihre Unterscheidung und Beziehung nicht wirklich grundsätzlich zu verstehen scheint.

Das Wahrnehmungsurteil und das Erfahrungsurteil sind beide nach Kant empirische Urteile, nämlich Synthetische Urteile a posteriori. Ihre Unterscheidung lautet für Kant folgendermaßen: „*Empirische Urteile, sofern sie objektive Gültigkeit haben, sind Erfahrungsurteile; die aber, so nur subjektiv gültig sind, nenne ich bloße Wahrnehmungsurteile*" (Proleg, §18). Nur subjektiv gültig ist das Wahrnehmungsurteil, weil es nach Kant nur der „*logischen Verknüpfung der Wahrnehmungen in einem denkenden Subjekt*" (Proleg, §18) bedarf, die als solche allein für das wahrnehmende Subjekt gültig seien. Hingegen bedeutet die objektive Gültigkeit des Erfahrungsurteils, dass dieses dazu berechtig ist, von allen denkenden Subjekten, die über den Inhalt des Urteils urteilen würden oder könnten, Anerkennung seiner objektiven Geltung zu fordern. Dazu sagt Kant folgendes: „*Will ich, es soll Erfahrungsurteil heißen, so verlange ich, dass diese Verknüpfung unter einer Bedingung stehe, welche sie allgemeingültig macht. Ich will also, dass ich jederzeit und auch jedermann dieselbe Wahrnehmung unter denselben Umständen notwendig verbinden müsse*" (Proleg, §19). Die Verbindung der Wahrnehmungen in einem objektiv gültigen Erfahrungsurteil geschieht Kant zufolge durch „*besondere, im Verstande ursprünglich erzeugte Begriffe, welche es eben machen, dass das Erfahrungsurteil objektiv gültig ist*" (Proleg, §18).

Die Beispielssätze, die Kant jeweils für das Wahrnehmungsurteil und das Erfahrungsurteil gibt, lauten „Der Stein ist warm"[51] und „Die Sonne erwärmt den Stein". Es ist klar, dass Kant damit sagen wollte, dass die Empfindungen mittels der Kategorien synthetisiert werden müssten, damit eben aufgrund dessen ein objektiv gültiges Erfahrungsurteil hervorgehen könnte. Was den ersteren Beispielsatz betrifft, so sei der Begriff „warm" als solches nur die Bezeichnung für die subjektive Empfindung „warm" und bringe trotz seiner Verbindung mit dem Subjektbegriff „Stein" kein objektiv gültiges Urteil hervor, denn in diesem Satz seien angeblich keine Kategorien angewendet. Im Gegensatz dazu trete im Urteil „die Sonne erwärmt den Stein" zusätzlich zu den Wahrnehmungen „Sonne" und „Stein" noch ein Kausalbegriff, der mit dem Begriff „erwärmt" zum Ausdruck gebracht wird, hinzu, so dass ein Objektbegriff, nämlich das „Sonne-erwärmt-Stein" hervorgehe. Da Kant zufolge die Kategorien die Grundbegriffe *a priori* seien und für Objektivität bürgen sollten, so könnte das Erfahrungsurteil, dem eben die kategorisierten Wahrnehmungen bzw. ihre Verbindung gemäß den Kategorien zugrunde liegen, objektive Gültigkeit besitzen, während das Wahrnehmungsurteil – insofern die Empfindungen in der Anschauung noch nicht wirklich kategorisiert seien – bloß subjektiv gelten könnte.

Kants Begründung der objektiven Gültigkeit des Erfahrungsurteils ist, wie schon im ersten Teil der Abhandlung ausgeführt ist, nicht überzeugend, denn die Kategorien allein sind nicht ausreichend, um ein empirisches Urteil mit zustande zu bringen. D.h., Kant ist nicht gelungen und kann es nicht gelingen, die Inhaltsapriorität der Kategorien nachzuweisen, die, falls sie nachgewiesen wäre, auch den von Kategorien synthetisierten Inhalt notwendig machen würde. Vielmehr scheint er sie mit der Referenzapriorität derselben, die die Anwendung der Kategorien für notwendig erklären soll, verwechselt zu haben. Hier gehört es aber nicht zu unserer Aufgabe, noch einmal aufzuzeigen, dass Kants Begründung der objektiven Gültigkeit des Erfahrungsurteils nicht akzeptabel ist, sondern es geht hier darum, ans Licht zu bringen, dass das Kantsche Wahrnehmungsurteil nicht wie Kant denkt nur ein Beisammen der Empfindungen im Subjekt ausdrückt (s. B 142), sondern es ohne das tatsächlich mit dem Wahrnehmungsurteil implizit vorausgesetzte Erfahrungsurteil nicht möglich wäre. D.h., das Wahrnehmungsurteil bzw. seine subjektive Gültigkeit und das Erfahrungsurteil bzw. seine objektive Gültigkeit im Sinne Kants sind nur in einem relativen Sinne in Bezug aufeinander zu unterscheiden. Es wird außerdem klarwerden, dass die wahrhaft objektive Gültigkeit des Erfahrungsurteils nur im Hegelschen Begriff, insofern er als ein **im Ab-**

---

[51] Kant selber hat in Prolegomena §19 stattdessen den Beispielsatz „das Zimmer sei warm" gegeben. Zugunsten des nachfolgenden Vergleichs mit dem Erfahrungsurteil wird hier der Subjektbegriff „Zimmer" mit „Stein" ersetzt. Diese Ersetzung schadet nicht der Nähe zu Kants Text, weil die beiden Sätze sich „bloß aufs Gefühl ... beziehen" und „niemals objektiv werden können" (Proleg, §19, Anmerkung).

soluten eingebetteter Schluss betrachtet wird, völlig nachweislich ist, während die angeblich subjektive Gültigkeit des Wahrnehmungsurteils nur darauf hinweist, dass es noch nicht als völlig objektiv gültig nachgewiesen ist. Dies gilt besonders für das Kantsche Erfahrungsurteil, das wegen des Desiderats der vollständig entfalteten Objektivität tatsächlich nicht klar von dem Wahrnehmungsurteil abgrenzt werden kann[52].

Um zum Beweisziel fortschreiten zu können, muss man sich zuerst klarmachen, was für Kant überhaupt ein Wahrnehmungsurteil charakterisiert. Kants Klassifikation jener beiden Beispielsätze jeweils als Wahrnehmungsurteil und Erfahrungsurteil scheint zumindest aus syntaktischer Hinsicht umstritten und der Willkürlichkeit verdächtig zu sein. Es liegt nah, dass Urteile in der Form „A ist x", wobei x ein Adjektiv ist, nicht unbedingt Wahrnehmungsurteile sein müssen. In der *Kritik* auf B 142 hat Kant selber ausdrücklich gesagt, dass das Urteil „*der Körper ist schwer*", das ebenfalls jene Form annimmt, ein objektiv gültiges Erfahrungsurteil sei. Es lässt sich dann die Frage aufstellen, warum gerade das Urteil „Der Stein ist warm" als Wahrnehmungsurteil anzusehen ist.

Kants Verständnis zum Wahrnehmungsurteil kann man so zusammenfassen: Es ist nur subjektiv gültig, weil die in Frage kommenden Wahrnehmungen nicht durch die Kategorien synthetisiert werden; Sie gelten deswegen als nicht kategorial synthetisiert, weil das Prädikatwort des Urteils bloß eine subjektive Empfindung repräsentiert und daher nicht die durch den Subjektbegriff repräsentierten mannigfaltigen Empfindungen zu einer objektiven Einheit gebracht hat (vgl. Prolegomena §19, Anmerkung). In einem Wort: das Prädikatswort und der Subjektterm treffen sich nur zufällig in einem Urteil zusammen. Also sollte die Art des prädikativen Adjektivs eine entscheidende Rolle hier gespielt haben. „Warm-sein" sei sozusagen im Gegensatz zu „schwer-sein" ein echter Begriff, der als Regel der Verbindung gelte, während das letztere lediglich eine Empfindung sei. Mit dieser Verfassung scheint eine strenge Unterscheidung des Wahrnehmungsurteils vom Erfahrungsurteil möglich zu sein. Falls Kant der Meinung wäre, wäre er vermutlich von John Lockes Unterscheidung von primären Qualitäten und sekundären Qualitäten der Eindrücke[53] inspiriert, wobei z.B. „warm" angeblich zu den sekundären Qualitäten gehöre und dem Objekt „Stein" nicht immanent sei, während im Urteil „*der Körper ist schwer*" (vgl. B 142) der Prädikatsbegriff „schwer" eine primäre und wesentliche Qualität des „Körpers" sei und daher das ganze Urteil als objektiv gültig qualifizieren könne.

---

[52] Hieran unterscheide ich zugunsten der nachfolgenden Ausführung gerne zwischen der **Objektivität** eines Urteils und der **Wahrheit** desselben, wobei die erstere auf die relativ objektive Gültigkeit verweist und in diesem Sinne das Gegenteil der Kantschen rein subjektiven Gültigkeit des Urteils ausmacht, und die letztere die absolute Objektivität des Urteils bedeutet, die als solche kein empirischesUrteil beanspruchen kann und nur als ein metaphysisches Ideal in einem unendlichen Systems der Schlüsse zu erwarten ist.

[53] S. Betram Kienzle: Primäre und sekundäre Qualitäten bei John Locke, in: Studia Leibniziana 21(1), 1989, S. 21-41

Der Sinne dieser Unterscheidung für Kant ist, dass es sich dann von sich versteht, dass ein nur als sekundäre Qualität geltendes Prädikat keinen immanenten Zusammenhang mit dem Subjektbegriff des Urteils habe, so dass z.B. das Urteil „der Stein ist warm" nur so viel aussage wie das Urteil „Da sehe ich ein Stein und mir ist zugleich warm", wobei das Wort „warm" erstens die subjektive Empfindung äußere und zweitens eine sekundäre und kontingente Qualität des Gegenstands „Stein" sei. Unerachtet dessen, ob Kant richtige Beispiele der Wahrnehmungsurteile angeführt und die Merkmale derselben einwandfrei angegeben hat, ist seine Intention, zu behaupten, dass jedes Wahrnehmungsurteil auf die Grundform „Mir ist α und mir ist ß und etc." reduziert werden kann, schon klar. Die Frage ist aber: Woher weiß ich denn, dass ein Prädikatswort zur primären oder sekundären Qualität des Gegenstands zählt? Warum gilt das „warm-sein" nicht als primäre Qualität des Steins? Ist das nicht eine empirische Frage?

Falls ein Urteil in der Form „A ist x" von Kant hingegen schlechthin als Erfahrungsurteil gedeutet würde, so könnte er auch Recht haben und bestünde sein Argument wohl darin, dass niemand das „Stein-ist-warm" wahrnehmen und es als solches formulieren könne, außer wenn man die Kategorien bereits eingesetzt und es gedacht hätte. Falls es ein Erfahrungsurteil gibt, so zeichnet es sich nach Kant dadurch aus, dass es nicht ohne die Änderung der Bedeutung des Satzes von einem „Mir-scheint"-Satz ersetzt werden kann. Im Urteil „Der Stein ist warm" wäre demnach gerade eine solche objektive Einheit „Stein-ist-warm" artikuliert, die aber verschwindet, wenn man jenes Urteil mit „Mir ist da ein Stein und mir ist warm" ersetzt, denn diese beiden Urteile sind gar nicht bedeutungsgleich. In einem Urteil der Form „mir ist α und mir ist ß und etc." werden eine Reihe Wahrnehmungen artikuliert, ohne zugleich ihre Einheit miteinander als Objekt vorstellen zu müssen. Gerade diese objektlose Einheit macht reine Wahrnehmungsurteile aus, falls es sie überhaupt gibt. Es geht dabei in Kants Wort um *„bloße Verknüpfung der Wahrnehmungen in meinem Gemützustande, ohne Beziehung auf den Gegenstand [als ihre Einheit]"* (Proleg, §20).

Man kann hier sagen, dass Kant die notwendigen Bedingungen von Wahrnehmungsurteil und Erfahrungsurteil, dennoch keine hinreichenden Bedingungen derselben gegeben hat. D.h., Kant ist darüber im Klaren, wie ein Wahrnehmungsurteil aussehen würde, falls es vorhanden wäre. Dennoch hinsichtlich der Frage, ob es wirklich ein Wahrnehmungsurteil in klarer Abgrenzung zum Erfahrungsurteil gibt und wie man es identifizieren kann, verbleibt in Kants Theorie noch eine große Lücke. Kants Position gilt nämlich erst dann, wenn ein Urteil in der Form „A ist x" wirklich eindeutig entweder als Wahrnehmungsurteil oder Erfahrungsurteil feststellbar ist. Dass Kants Meinung, es gebe überhaupt Wahrnehmungsurteil in klarer Abgrenzung zum Erfahrungsurteil, doch höchstens zweifelswert ist, versucht folgende Analyse ans Licht zu bringen.

In dem Satzgefüge „da ist ein Stein und mir ist zugleich warm", das dadurch zustande kommt, dass Kant das Urteil „der Stein ist warm" eigenwillig auf Richtung eines Wahrnehmungsurteils deutet, ist der erste Satz „da ist ein Stein" sicherlich kein Wahrnehmungsurteil, denn ein Stein, welcher als solcher keine Empfindung ist, kann nicht unmittelbar empfunden werden, sondern das Urteil enthält bereits eine Synthesis des Mannigfaltigen und ist in diesem Sinne ein Erfahrungsurteil. Er hat somit tatsächlich die Form: „Das, was ich so und so wahrnehme, ist ein Stein"[54].

Was den zweiten Satz „mir ist warm" angeht, so kann es umstritten sein, ob es ein bloß subjektiv gültiges Wahrnehmungsurteil ist. Gegen die Interpretation desselben als bloß subjektiv gültiges könnte man einwenden, dass in dem Satz „mir ist warm" tatsächlich der Satz „Da ist etwas Warmes" implizit ausgesagt, der wie der gerade analysierte erste Satz ein Erfahrungsurteil darstellt: Um den Satz **sprachlich** formulieren zu können, müsste man „mir" und „warm" voneinander unterscheiden, damit die beiden durch die Kopula „ist" wieder verbunden werden könnten. D.h., „warm" ist gegenüber „mir" doch schon ein Objekt, nämlich als ein warmes Ding. Der anscheinend unmittelbare Eindruck „warm" muss nämlich durch die begriffliche Vermittlung als „Warmes" erfasst werden, damit ich mich dessen bewusst machen kann. Hegel hat genau mit dieser These sein Programm der *Phänomenologie des Geistes* angefangen. Erst von der Vermittelbarkeit des unmittelbaren Seins ausgehend ist es für Hegel möglich, den ganzen Entwicklungsprozess von dem niedrigeren, dem unmittelbaren *Sein* gleichen Phänomen des Geistes zu seiner höchsten Form zu skizzieren. Kurzum: Die Empfindung „warm" kann zwar im physiologischen Sinne rein subjektiv sein, aber das Urteil „mir ist warm", insofern es um epistemische Zugänglichkeit desselben geht, kann nicht bloß subjektiv gültig sein.

Davon ausgehend hat man genug Grund, gegenüber Kants urteilstheoretischen Dualismus die Meinung zu vertreten, dass das Wahrnehmungsurteil nicht grundsätzlich vom Erfahrungsurteil abzutrennen ist, sondern die Möglichkeit des ersteren das letztere voraussetzt. Es ist daher auch nicht so, dass es beim Wahrnehmungsurteil lediglich ein beliebiges Beisammensein von Wahrnehmungen gäbe. Dagegen spricht das Faktum, dass man die Wahrnehmungen doch in einer einheitlichen Form des Urteils ausgedrückt bzw. sich deren bewusst gemachen hat. Es ist zwar richtig, dass das Aufeinanderfolgenden der Sinneseindrücke im inneren Sinn nicht auf der Anwendung der Kategorien angewiesen, aber die Erfassung der Wahrnehmungen im Urteil, wobei die sinnliche Materie als Terme des Urteils ausdifferenziert und abgesondert ist, ist bereits der begrifflichen Spontaneität des Er-

---

[54] Nach Enzyklpädie auf § 179 ist ein Urteil in dieser Gestalt ein apodiktisches Urteil, „welches den Übergang zum Schluss bildet", der, wie noch zu zeigen ist, angesichts seiner Objektivität, zu Erfahrungsurteilen im Sinne Kants zahlen kann.

kenntnissubjekts zu verdanken. Das Zusammenkommen der einzelnen Wahrnehmungen in einem Wahrnehmungsurteil setzt daher die Objektivierung der Sinneseindrücke, somit schon die Erfahrungsurteile selbst – falls die Objektivität stets mit dem Anspruch des Erfahrungsurteils auf objektive Geltung einhergeht – voraus.

3.2.2 Die subjektive Gültigkeit und die Objektivierung des Wahrnehmungsurteils

In diesem Zusammenhang ist Kants Standpunkt, dass dem Wahrnehmungsurteil ausschließlich subjektive Gültigkeit zuzusprechen sei, in Frage zu stellen. Aber das bedeutet nicht automatisch, dass das Wahrnehmungsurteil objektiv gültig wäre, oder dass Kants Unterscheidung von Wahrnehmungsurteil und Erfahrungsurteil völlig sinnlos wäre.

Tatsächlich ist es ein Anspruch der Hegelschen Philosophie, unseren kognitiven Fehler nicht bloß negativ als Schein oder als Täuschung, sondern viel mehr zugleich positiv als in der Wahrheit aufzuhebend anzusehen. Dem entsprechend wird auch der Täuschung ein vernünftiger Grund erteilt. Im Unterschied zu Kant hält Hegel die Lehre, dass ein Urteil bloß subjektiv geltend sein könne, für unsinnig, denn wie gesagt ist für Hegel alles Urteil ein Schluss, der zum objektiven Begriff überleitet. Das Wahrnehmungsurteil **scheint** zu Recht bloß subjektiv zu gelten. Aber der Grund der scheinbar bloß subjektiven Gültigkeit des Wahrnehmungsurteils liegt nicht darin, wie Kant vermeint, dass die subjektiven Wahrnehmungen wegen des Mangels an der kategorialen Verbindung nicht objektiviert würden. Abgesehen davon kann Kant die versprochene Notwendigkeit der Verbindung auch niemals nachweisen, so dass die Verbindung allein für die Objektivierung nicht ausreicht. Kant ist nicht auf den Hegelschen Gedanken gekommen, dass die angeblich durch die Kategorien zu vollziehende notwendige Verbindung der Wahrnehmungen tatsächlich allein in der Schließung der Schlüsse möglich ist. Das sogenannte Wahrnehmungsurteil **scheint** eben deswegen nur subjektiv gültig zu sein, weil sich die darin enthaltene Verbindung noch nicht richtig als Schließung offenbart[55].

Sollte man zwei jeweils für sich als objektiv gültig anerkannte Erfahrungsurteile, die aber auf den ersten Blick miteinander nicht zusammenhängen, wie z.B. „es regnet" und „der Mantel ist schwer" zugleich aussagen, so gehören sie zusammen, nämlich als ein disjunktives Urteil, zum Wahrnehmungsurteil, welches in dem Sinne, dass es noch nicht als zu einem Schließungsprozess gehörig betrachtet wird, nur sub-

---

[55] Vgl. Hegels Kritik an Kants Verständnis der Objektivität (Enzy, § 41, Zusatz 2), wo Hegel darauf hinweist, dass, da Kant von seiner Position der Dichotomie ausgeht, „die Gedanken, obschon allgemeine und notwendige Bestimmungen, doch nur unsere Gedanken und von dem, was das Ding an sich ist, durch eine unübersteigbare Kluft unterschieden sind", so dass der Schluss bei ihm bloß formell ist und „das Ansich der Dinge und des Gegenständlichen überhaupt" nicht betroffen hat, welches letzteres aber nach Hegel gerade die Objektivität des Denkens bzw. der Erkenntnis ausmachen solle.

jektiv gültig ist. Wenn aber die Vereinigung der beiden Urteile sich als notwendig bzw. als eine Schließung nachweisen kann, z.B. wenn man einsieht, dass das Urteil „es regnet" dem Urteil „der Mantel ist schwer" dadurch zugrundliegt, dass das Regen den Mantel durchregne und ihn damit schwer mache, könnten die beiden Urteile gemeinsam zu einem Kantschen Erfahrungsurteil werden. Man hätte also bei der Vereinigung tatsächlich folgende Schließung durchgeführt:

Prämisse 1. (Alles) Wasser kann den Mantel schwer machen.

Prämisse 2. (dieser) Mantel war dem Regen (Wasser) ausgesetzt.

Schluss: das Regen veranlasst also einen schweren Mantel.

Dieses Beispiel verdeutlicht, dass die Grenze zwischen dem Wahrnehmungsurteil und dem Erfahrungsurteil unschärfer ist als Kant meint. Einerseits gilt jedes Urteil insofern bloß subjektiv, als die Verbindung in ihm nicht als Schließung offengelegt wird. Andererseits kann man aufgrund der Relativität der subjektiven Gültigkeit jedes Urteil, das ein Wahrnehmungsurteil zu sein scheint, wieder zum Erfahrungsurteil erheben, indem man seinen Inhalt wissenschaftlich nachforscht und das für die Schließung notwendige Hintergrundwissen restauriert

Nimmt man das Urteil „die Musik ist rot", das ein Halluzinierender fällt, für ein Beispiel, so ist es in dem Sinne ein Wahrnehmungsurteil, dass die Verbindung von Rot und der Musik noch nicht als ein notwendiges Resultat der Schließung aufgezeigt wird. Es ist daher in diesem Sinne nicht weniger objektiv als das Kantsche Wahrnehmungsurteil „der Stein ist warm". Aber wie gesagt kann dieses Wahrnehmungsurteil nach dem Aufzeigen der Verbindung als irgendeines Schließungsprozesses zum Erfahrungsurteil erhoben werden. Beispielsweise könnte die Halluzination psychiatrisch bedingt werden, so dass ein von dem Halluzinierenden gefälltes Urteil für ihn selbst in gewissem Sinne Notwendigkeit aufweist und es auch für jeden, der die pathologischen Sachverhalte des Halluzinierenden zur Kenntnis genommen hat, als notwendig gelten kann. Es ist sogar theoretisch möglich, von der Ursache der Halluzination auf das Urteil „die Musik ist rot" zu schließen, was dann diesem Urteil Objektivität gewährt.

Die Möglichkeit der Wandlung vom Wahrnehmungsurteil zum Erfahrungsurteil erkennt auch Kant teilweise an, indem er z.B. angibt, die Verbindung im Urteil *„die Luft ist elastisch"*, das selbst von den Wahrnehmungen entstamme, durch den Verstandesbegriff der Kausalität als notwendig begründen zu können (vgl. Proleg, § 20). Da Kant aber überhaupt die Einsicht fehlt, dass die Objektivität des Urteils, anstatt in den Kategorien, ausschließlich in der Schließung besteht, hält Kant Urteile wie z.B. *„der Stein ist warm"* für grundsätzlich nicht geeignet, als Erfahrungsurteil zu gelten, *„ich mag dieses noch so oft und andere auch noch so oft wahrgenommen haben"* (Proleg, § 20, Anmerkung). Für ihn wäre nämlich ohne die Kategorien auch keine Objektivität. Also könnte mancher Urteile die Objektivität entbehren. Es ist aber gerade umgekehrt der Fall. Dass die subjektive Gültigkeit aller Wahrnehmungsurteile bloß relativ ist, ist gleichbedeutend damit, dass die Relativität der subjektiven Gültigkeit des Wahrnehmungsurteils bzw. die Objektivität desselben absolut ist. Damit meine ich aber keinesfalls eine absolute Objektivität oder die notwendige Wahrheit.

Es betrifft ausschließlich die epistemische Ebene, falls ein Urteil angeblich nur subjektiv gelten sollte. Was aber die ontologische Ebene betrifft, dann kommt allen Urteilen die Objektivität zu. D.h., auch alle Wahrnehmungsurteile können der Möglichkeit nach als Schlüsse nachgewiesen werden, denn, in Hegel Wort, sei alles ein Schluss.

Auch das einfachste Wahrnehmungsurteil, wie z.B. das Urteil „mir schmerzt es", – solange in ihm eine einzelne Wahrnehmung begrifflich artikuliert wird – ist schon ein Schluss, wie privat und empfindungsnah es auch sein mag. Um dies nachzuvollziehen, kann man an folgender Schließung denken:

Prämisse (1): Ich fühle mich **so und so**.

Prämisse (2): Alle Gemütszustände, die **so und so** sind, heißen Schmerzen.

Schluss: ALSO schmerzt es mir.

Man bemerkt hier, dass schon die Prämisse (2) ein Schluss bzw. Erfahrungsurteil ist, deren Gültigkeit sowohl auf dem Schließungsprozess selbst als auch auf empirischem Hintergrundwissen, das „so und so" lautet, beruht. Aus demselben Grund muss man die Prämisse (1) als Schluss betrachten, denn wie kann ich mir meines Gefühls gerade „**so und so**" bewusstwerden, wenn es nicht selbst als Schluss aus anderen Prämissen gefolgert würde?

Wäre diese Lesart eines angeblichen Wahrnehmungsurteils als eines Schlusses rückwärts unendliche Male wiederholt, so ist die Begrifflichkeit dieses Urteils desto offenbarer, während der Faktor der unmittelbaren Sinnlichkeit in diesem Prozess allmählich in der Vermitteltheit aufgelöst wird, welche den diskursiven Charakter alles betroffenen Wissens des „Mir-schmerzt-es" bedingt. Mit anderen Worten: Die nicht ganz aufgelöste und immer noch aufzulösende Unmittelbarkeit ist der wahrhaft subjektive Faktor eines Wahrnehmungsurteils, die auch der Diskursivität[56] alles begrifflichen Wissens und des menschlichen Denkens überhaupt zugrunde liegt. Diese bis zur Unendlichkeit ausdauernde Diskursivität, als die eigentliche Subjektivität des Wahrnehmungsurteils, verunmöglicht eine vollkommen eingelöste bzw. absolut objektive Geltung des Urteils und wohnt somit auch allen Erfahrungsurteilen inne. In der Terminologie Hegels heißt es, dass die **Negativität** der Reflexion-in-sich, nämlich die des Einzelnen gegenüber der wahrhaften Allgemeinheit, dazu führt, dass die

---

[56] S. Darstellung von Sally Sedgwick: „Introduction to Hegel's Critique. Intuitive versus Discursive Forms of Understanding in Kant's Critique Philosophy", in: Hegel's Critique of Kant. From Dichotomy to Identity, Oxford, 2012, S. 14 - 44

einzelnen Begriffe sich zu dem äußerlichen Absoluten nur in diskursiver Weise verhalten können. Oder, anders ausgedrückt: Die beim Schluss ansetzende Objektivität hat sich noch nicht vervollständigt, sondern muss noch so weit mit der Subjektivität in untrennbarem Zusammenhang stehen[57], bis der Begriff *die absolute Idee* im dritten Abschnitt der *Begriffslogik* erreicht.

3.2.3 Die Subjektivität des Erfahrungsurteils

Wie vorher in der Interpretation von Hegels Begriffslehre erläutert wird, ist ein notwendiger Schluss die Synthesis von vorangehenden Prämissen, die selbst ebenfalls Schlüsse sind, die ihrerseits von ihren jeweiligen Prämissen hervorgehen usw., so dass der Schluss endgültig als Verbindung von allen möglichen Schlüssen, nämlich als eine Darstellung des unendlichen Ganzen der Schlüsse angesehen werden soll. Auch nur durch das Einbetten in das Ganze, das ontologisch notwendig ist und das Absolute heißt, ist der einzelne Schluss absolut notwendig, bzw. völlig objektiv gültig. Anders ausgedrückt ist es noch nicht ausreichend, einzelnes Urteil als **einen** Schluss nachzuweisen, denn die Gültigkeit jedes einzelnen Schlusses ist noch auf der Gültigkeit seiner Prämissen angewiesen. Erst im Blickwinkel des Absoluten kann sich der Schluss als *per se* gültig erweisen, was aber bereits eine Überforderung des endlichen menschlichen Verstandes ist.

Was das Kantsche Erfahrungsurteil betrifft, so kann es, insofern es die objektive Gültigkeit zu besitzen beansprucht, tatsächlich nichts anders als der Schluss sein. Dennoch für ein die objektive Gültigkeit beanspruchendes Urteil kann unmöglich ein unumstrittenes Beispiel aus der Erfahrung gezogen werden. Denn die Erfahrungserkenntnis weist eben die Falsifizierbarkeit auf. Man kann also einfach nicht wissen, welches Urteil wirklich allgemeingültig ist. Das erinnert uns an Karl Poppers kritischen Rationalismus, der behauptet, dass jedes empirische Wissen nur insofern als objektiv gültig anerkannt wird, als ihm aktuell noch keine Erfahrung widerspricht. Der Standpunkt, trotz des empirischen Charakters des Erfahrungsurteils doch seine objektive Gültigkeit zu behaupten, scheint daher problematisch zu sein, außer wenn man darunter wie bei Hegel ehe die These versteht, dass einzelnes Urteil notwendig *ist* bzw. ontische Objektivität aufweist, die in der Dem-Schluss-Immanenz des Absoluten besteht.

Wie gesagt besteht Hegel zufolge ein Unterschied zwischen den Einzelnen und dem wahrhaften All-

---

[57] Eben angesichts Hegels Einsicht in die Subjektivität alles empirischen Wissens bin ich dagegen, Hegels Begriffslehre als Mcdowell'schen Konzeptualismus im Kontext des sogenannten „Konzeptualismus-Streits" zu bezeichnen, denn sie ist meines Erachtens über die Positionen der beiden widerstreitenden Lagern erhoben, weil sowohl Konzeptualisten als auch Nicht-Konzeptualisten doch noch den Dualismus von reinem „concept" und reinem „non-concept" implizit hypothetisierten (vgl. Mathias Birrer, Kant und die Heterogenität der Erkenntnisquellen, de Gruyte, Berlin, 2017, S. 48f.), während Hegels Standpunkt der über den substanziellen Begriff ist, in dessen Rahmen reines „concept" ohne nichtkonzeptualen Moment, oder reine Objektivität ohne Subjektivität, unwahr wäre.

gemeinen, oder, zwischen dem jedem einzelnen Begriff innerlichen, noch unentwickelten Absoluten und dem jedem Begriff äußerlichen, sich verwirklichenden Absoluten. D.h., Hegel hat die substantielle Stellung des einzelnen Begriffs unter Berufung auf das Absolute festgestellt, dennoch ist es eine andere Sache, diese Stellung in der Wirklichkeit nach und nach zu realisieren. Eben aus diesem Grund widmet sich Hegel in dem zweiten Teil seiner *Begriffslogik* noch der Darstellung der „Objektivität" des Begriffs, der die Aufgabe obliegt, aufzuzeigen, wie der einzelne Begriff in der dialektischen Entwicklung zum Absoluten erlangt, nämlich wie sich das innerliche Absolut in der Wirklichkeit äußert, oder wie der einzelne Begriff auch allmählich an Objektivität zunimmt, bis sich das innerliche, subjektive Absolut und das äußere, objektive Absolute völlig übereinstimmen.

Hegels Logik ist nämlich die **Logik als Metaphysik**[58]. Darin besteht der bedeutendste Unterschied der Hegelschen Logik von der Kantschen. Für Kant ist der Schluss doch bloß ein Produkt des Denkens, während bei Hegel der Schluss die Stellung der Substanz gewinnt, da dieser vor dem Hintergrund des Absoluten nichts anders als der Einzelbegriff, also *„causa sui"*, ist. Eben diese metaphysische Position macht es für Hegel unmöglich, von der metaphysischen Komplexität der Einheit der Begriffsmomente abgesehen, dem von dem einseitigen Moment des Denkens her begründeten Erfahrungsurteil objektive Geltung zuzusprechen.

Andererseits ist die Metaphysik Hegels bloß die **Metaphysik als Logik**[59]. D.h., sie sollte nur dazu berechtigt sein, allgemein und nach der Evolution des logischen Raums darzulegen, welche Bedingungen ein Erfahrungsurteil erfüllen muss, um im Absoluten integriert zu werden und damit ontische Notwendigkeit für sich zu gewinnen. Die *Logik* ist in diesem Sinne als eine formale Philosophie von seiner Realphilosophie zu differenzieren. Hegel würde es zur Beurteilung der objektiven Gültigkeit irgendeines konkreten Erfahrungsurteils nicht ausreichend sein, innerhalb der Metaphysik qua *Logik* zu bleiben. Für die Erkundung der konkreten Fälle sind Naturwissenschaften verantwortlich. Hegels *Logik* hat in diesem Sinne nur den Maßstab für Naturwissenschaften, anstatt einzelner Naturwissenschaften selber eingestellt.

Zusammengefasst ist es vom Standpunkt Hegels ausgehend eigentlich weder nötig noch möglich, eine grundsätzliche Unterscheidung zwischen dem Wahrnehmungsurteil und dem Erfahrungsurteil zu machen. Nach seinem Verständnis seien sowohl das Erfahrungsurteil als auch das Wahrnehmungsurteil so wie so noch nicht absolut wahr. Das Erfahrungsurteil, solange unter ihm ein (völlig) objektiv gültiges

---

[58] Vgl. Hans Friedrich Fulda: Spekulative Logik als „die eigentliche Metaphysik". Zu Hegels Verwandlung des neuzeitlichen Metaphysikverständnisses, in: Hegels Transformation der Metaphysik, hrgs. von Detlev Pätzold, u.a., Köln, 1991, S. 9-27

[59] Vgl. Hans Friedrich Fulda, G. W. F. Hegel, Verlag C. H. Beck, München, 2003, S. 93-101

Urteil zu verstehen wäre, ist lediglich ein metaphysisches Ideal, das zwar auf die Position des Schlusses als *causa sui* im Absoluten hinweist, findet dennoch auf dieser Welt keine vollständige Realisierung. Das Wahrnehmungsurteil – hätte man wie Kant unter ihm ein bloß subjektiv geltendes Urteils verstanden – bringt zwar zum Ausdruck, dass die in ihm geäußerte Verbindung sich noch nicht als Schließung erweisen kann, dennoch übersieht, dass die Urteilspraxis des Menschen bereits den Prozess der unwiderstehlichen Äußerung des Absoluten und somit der Objektivierung des Urteils in Gang gesetzt hat.

Aber die beiden anscheinend entgegengesetzten Termini Kants entsprechen doch bei Hegel zwei Aspekten ein und desselben Sachverhalts, der im einzelnen Begriff vereinigt wird: Einerseits stellt jeder einzelne Begriff das Absolute in sich dar, so dass das Urteil in Ansehung des Absoluten ontisch notwendig gelten soll. Das liegt dem Ideal eines völlig objektiv gültigen Erfahrungsurteils zugrunde und hat für die Objektivität aller empirischen Urteile, einschließlich der Wahrnehmungsurteile, gebürgt. Andererseits ist jeder einzelne Begriff dem Absoluten in der Wirklichkeit noch äußerlich, so dass das Urteil nicht als absolut notwendig gültig manifestiert bzw. verwirklicht werden kann. Das sorgt dafür, dass alle empirischen Urteile, einschließlich aller hoch abstrakten wissenschaftlichen Urteile, im Sinne des notwendigen Vorhandenseins der Subjektivität, auch zu Wahrnehmungsurteilen zählen.

3.2.4 Der Terminus „Wahrnehmungsurteil" impliziert eine nicht-dichotomische Position

Man muss zugestehen, dass Kants Terminus „Wahrnehmungsurteil" im Hintergrund seiner theoretischen Philosophie, insbesondere seines Standpunkts der Dichotomie von Denken und Anschauung, etwas Seltsames und Unharmonisches ist.

Auf der einen Seite versteht Kant unter einem Urteil überhaupt ein Produkt des Denkens. Wären aber die Wahrnehmungen gedacht, so sollte Kant zufolge daraus eben ein objektiv gültiges Erfahrungsurteil ergeben, denn dieses ist nichts anders als ein Resultat aus dem Denken der in der Anschauung gegebenen Wahrnehmungen. Aber dieses Ergebnis wollte Kant nicht in Kauf nehmen. Eine überzeugende Erklärung, wie es überhaupt möglich ist, dass aus dem Denken der Wahrnehmungen ein Urteil entstehen kann, das aber nicht objektiv gültig ist, hat er nicht gegeben.

Auf der anderen Seite ist bei Kant das Wahrnehmungsurteil auch nicht mit den Wahrnehmungen ohne weiteres zu identifizieren, denn die Wahrnehmungen befinden sich in der Anschauung und sind intuitiv zu fassen, während das Wahrnehmungsurteil eindeutig der Urteilsform gemäß und Propositionalität aufweist. Noch folgenschwerer besteht der Unterschied zwischen dem Wahrnehmungsurteil und der Wahrnehmung darin, dass man zum ersteren problemlos „ich denke" hinzufügen kann. Man kann das Urteil „mir schmerzt es" äquivalenterweise umformulieren als „ich denke, mir schmerze es", wobei das

„Ich denke" bloß als Zeichen des Bewusstwerdens des Urteilsinhalts gelten kann und keinen affirmativen Sinn haben muss, während die Wahrnehmungen, falls man unter ihnen die reinen Sinneseindrücke verstünde, zunächst in einem Urteil synthetisiert werden müssen, bevor man sich überhaupt von seinem Gehalt einen Begriff machen kann.

Insgesamt scheint Kant durch seinen Terminus „Wahrnehmungsurteil" darauf hinzuweisen, dass es Etwas gebe, dessen Inhalts man sich bewusst sein könne, aber dessen Bewusstwerden nicht automatisch für objektiv gültiges Urteil sorgen könne. Bisher ist nämlich das Problem klar, dass dieses Etwas weder bloße Wahrnehmungen im Sinne von Sinneseindrücken – denn man hat von ihm noch kein Bewusstsein –, noch die gedachten Sachverhalte, denn diese, solange sie gedacht werden, werden Anspruch darauf erheben, unabhängig von meiner subjektiven Meinung bzw. objektiv der Fall zu sein. Für Hegel wäre dieses Problem eher ein von Kant selbst gegebener Hinweis darauf, dass das Rahmen der Dichotomie zu sprengen ist. Denn das Wahrnehmungsurteil weist eben auf Etwas hin, dessen Wirklichkeit zwischen der reinen Sinnlichkeit und dem Verstand schwebt. Auf diese Richtung hin geht Kant bedauerlicherweise nicht weiter.

4. Kants Bewusstseinstheorie und Hegels Kritik daran

Das Problem des Kantschen Wahrnehmungsurteils lädt zum Nachdenken über Kants Bewusstseinstheorie, wie sie mit der gerade vorgenommenen Auseinandersetzung schon anfängt. Die fruchtbarste These, die daraus gezogen wird, lautet der Grundsatz der transzendentalen Einheit der Apperzeption. Kant kündet an, dass er der *„oberste im ganzen menschlichen Erkenntnis"* (B 135) sei. Der Terminus „Apperzeption" bedeutet ungefähr das Selbstbewusstsein[60]. Aufgrund dessen findet die tiefste Kritik an Kants Erkenntnistheorie erst statt, wenn man eine Kritik an Kants Selbstbewusstseinstheorie ausübt. Im Folgenden wird zunächst versucht, aufzudecken, wie die Selbstbewusstseinstheorie Kants durch seine Dichotomie stark geprägt wird. Dann wird eine vom Hegels Begriff ausgehende Lösung der Problematik eingeführt. Als erster Schritt wird die Selbstbewusstseinsthese Kants neu konstruiert und nachgezeichnet, damit es aus sich klar wird, welche Probleme, die von der Dichotomie bedingt sind, Kants Bewusstseinstheorie mit sich bringt.

4.1 Die ursprüngliche Apperzeption

Auf §16 der B-Deduktion beginnt Kant mit folgenden Sätzen: *„Das: Ich denke, muss alle meine Vorstellungen begleiten können; denn ansonsten würde etwas in mir vorgestellt werden, was gar nicht gedacht werden könnte, welches eben so viel heißt, als die Vorstellung würde entweder unmöglich, oder wenigstens für mich nichts sein"*. Kant nennt diese bei allen Vorstellungen beizufügende Vorstellung des „Ich-denke" die *„reine Apperzeption"* (B 132). Was aber in der Apperzeption durch das „Ich-denke" vorgestellt wird, ist eigentlich die **Meineheit** der vom „Ich-denke" begleiteten Vorstellungen. Denn eben deswegen, weil die Vorstellungen als Inhalt des „Ich-denke" betrachtet werden können, werden sie **meine** Vorstellungen genannt. Auffällig ist hier der Wortgebrauch *„begleiten können"*. Also es ist nicht so, dass das „Ich-denke" alle meine Vorstellungen schlechthin begleiten **müssen**, sondern so, dass es alle meine Vorstellungen begleiten **können muss**. Was will Kant mit der sorgfältigen Wortwahl ausdrücken?

Die Antwort hat Kant tatsächlich in den unmittelbar nachfolgenden Sätzen gegeben. Das Begleiten vom „Ich-denke" ist also nicht etwa ein Müssen im Sinne von bedingungsloser Notwendigkeit, sondern im Gegenteil ist es ein Müssen nur deswegen, weil damit die Vorstellungen gedacht werden **kann**. Darin

---

[60] Dieser Terminus geht zurück auf Leibniz' Wortgebrauch von „s'apercevoir" und steht schon damals als reflexiv bewusste Vorstellung im Unterschied zur „perception", die das Gegenstandsbewusstsein bezeichnet. S. „Kant-Lexikon", Band 1, De Gruyer, S. 145ff.

drückt sich eine logische Notwendigkeit aus, die besagt, dass mit der Setzung einer Hypothese ihre Möglichkeitsbedingung notwendig als erfüllt gilt. Man kann nämlich Kants Behauptung so umschreiben: Wenn die Vorstellungen gedacht werden **kann**, dann **muss** die Vorstellung des „Ich-denke" (als notwendige Bedingung jener Hypothese) sie begleiten **können**. Sollten die Vorstellungen tatsächlich gedacht **worden sind**, dann **muss** die Vorstellung des „Ich-denke" sie ebenfalls tatsächlich begleitet **haben**.

Aber warum geht man davon aus, dass es Vorstellungen gibt, die gedacht werden können? Kants Antwort lautet, weil ansonsten mir keine Vorstellungen gehören würden. Das Faktum des Selbstbewusstseins ist also das, was als der Ausgangspunkt gilt, dem zufolge mir notwendigerweise manche Vorstellungen gehören. Die Restriktion des „Ich-denke" auf das bloße „können-müssen" impliziert also eine Differenz zwischen dem Denken und Selbstbewusstsein. Das letztere ist ausschließlich eine notwendige statt zugleich einer hinreichenden Bedingung des ersteren: Was gedacht wird, wird selbstverständlich in meinem Selbstbewusstsein als meine erfasst; was zu meinem Selbstbewusstsein gehört, gilt lediglich als denkbar, anstatt dass sie unbedingt gedacht wird. Wie Reinhard Hiltscher richtig darauf hingewiesen hat[61] und ich zustimmend gleich noch aufzeigen werde, fundiert Kant die Apperzeption nicht in dem Faktum des Selbstbewusstseins **des konkreten erkennenden Subjekts**, sodass das Gedacht-Werden einer Vorstellung nicht aus ihrem Bewusstwerden gefolgert werden kann. Hierbei wird das Bewusstsein gleichsam zweigeteilt: Ein Teil mit begrifflichem Moment, das von der „Ich-denke"-Begleitung gekennzeichnet werden kann; ein anderer Teil mit potenziell begrifflichem, aber aktuell-nichtbegrifflichem Moment.

Es könnte eine andere Interpretation für das „begleiten-können-müssen" geben, die folgendermaßen aussieht: Das Denken der Vorstellungen setzt ein denkendes Ich voraus, dennoch müsste die Vorstellung des „Ich-denke" die gedachten Vorstellungen nicht tatsächlich begleiten. Ich müsste z.B. bei der Fällung des Urteils *„der Körper ist schwer"* nicht unbedingt zugleich das Urteil „Ich denke, der Körper sei schwer" ausgesprochen haben, sondern ich müsste nur diese Vorstellung des „Ich-denke" haben **können**. D.h., die Forderung, die Sachmäßigkeit der Begleitung durch das „Ich-denke" anzuerkennen, wäre zwar gerecht, aber müsse nicht sofort oder jederzeit erfüllt werden. Diese Interpretation ist problematisch, weil sie das apriorische Bewusstwerden der Meineheit des Urteils mit der empirischen Vorstellung derselben verwechselt hat. Diese Interpretation ist empirisch ausgerichtet, denn der Fall, dass ich ein Urteil fälle, ohne zugleich es bewusst zur Kenntnis genommen zu haben, dass das Urteil mir gehörig ist, ist ein empirischer Fall. Natürlich muss nicht jeder Mensch

---

[61] Reinhard Hiltscher: Deutscher Idealismus, in: Philosophie. Disziplin. Kompetenzen, hrsg. von Peggy H. Breitenstein und Johannes Rohbeck, Stuttgart, 2011, S. 72ff.

Grammatiker oder philosophisch ausgebildet sein, um das „Ich-denke" jede Zeit richtig zu buchstabieren. Aber darum geht es hier auch gar nicht.

Die Meineheit-Vorstellung, die Kant die reine Apperzeption nennt, ist eine transzendentale Vorstellung. Kant nennt sie *„die ursprüngliche Apperzeption"* (B 132) und *„die Einheit derselben die transzendentale Einheit des Selbstbewusstseins, um die Möglichkeit der Erkenntnis a priori aus ihr zu bezeichnen"* (B 132). D.h., als die Bedingung der Möglichkeit der Erkenntnis bzw. der gedachten Vorstellungen müsste die Vorstellung der Meineheit logisch notwendig sein bzw. a priori vorhanden. Diese Notwendigkeit darf man an erster Stelle nicht empirisch interpretieren. In einem Wort: Kant ist der Meinung, ohne die Vorstellung der Meineheit haben zu können, könne man auch gar keine Vorstellungen denken. Die gerade eingeführte Interpretation trifft nämlich deswegen nicht zu, weil sie das bloße „müssen-können" der Begleitung der transzendentalen Apperzeption durch die Zufälligkeit des empirischen Bewusstwerdens der Meineheit-Vorstellung zu erklären versucht.

Die Meineheit der gedachten mannigfaltigen Vorstellungen, die in der Zugehörigkeit derselben zu Mir besteht, nennt Kant eine Einheit, denn sie gilt als eine **vorgestellte** Meineheit. Gerade im Sinne davon, dass *„diese Vorstellung **EIN** Aktus der Spontaneität* [ist]" (B 130), ist die vorgestellte Meineheit eine Einheit. Demnach geht die Einheit der reinen Apperzeption auf die Einheit des Vorstellungsakts zurück.

4.2 Die synthetische Einheit des Mannigfaltigen

Auf B 133 bezeichnet Kant die transzendentale Einheit der Apperzeption auch als synthetische Einheit, denn er glaubt, aus der reinen Apperzeption die notwendige Synthesis des Mannigfaltigen der Vorstellungen deduzieren zu können. Kants Argumentation dafür schlägt sich in dem folgenden Zitat nieder:

„Die mannigfaltigen Vorstellungen, die in einer gewissen Anschauung gegeben werden, würden nicht insgesamt meine Vorstellungen sein, wenn sie nicht insgesamt zu einem Selbstbewusstsein gehören, d.i. als meine Vorstellungen (ob ich mich ihrer gleich nicht als solcher bewusst bin) müssen sie doch der Bedingung notwendig gemäß sein, unter der sie allein in einem allgemeinen Selbstbewusstsein zusammenstehen können, weil sie sonst nicht durchgängig mir angehören würden" (B 132).

Kant macht hier ganz klar, dass er denkt, dass **egal** um als meine zu gelten **oder** darüber hinaus um als solche vorgestellt zu werden (dem „egal...oder" entsprechend spricht Kant: *„ob ich mich ... als solcher bewusst bin"*), die mannigfaltigen Vorstellungen selbst *„in einem allgemeinen Selbstbewusstsein zusammenstehen können"* müssen. D.h., das Zusammenstehen-können der Vorstellungen in einem Selbstbewusstsein ist die notwendige Bedingung dafür, dass die Vorstellungen in demselben Selbstbewusstsein bestehen. Anders ausgedrückt: Kant würde fragen: Wie kann die mannigfaltigen Vorstellungen a priori als meine vorgestellt werden, wenn sie nicht tatsächlich in meinem Selbstbewusstsein, wo ich ihre Meineheit vorstelle, irgendwie zusammenbestehen können?

Die eigentliche Argumentation Kants lautet folglich: dass ich etwas so und so vorstellen kann, setzt voraus, dass dieses Etwas tatsächlich so und so ist. Also schließt Kant von der Möglichkeit der Vorstellung von der Meineheit auf das Sein derselben qua synthetische Einheit, denn die letztere sei die notwendige Bedingung der ersteren. Dazu sagt Kant ausdrücklich:

„Der Gedanke: diese in der Anschauung gegebenen Vorstellungen gehören mir insgesamt zu, heißt demnach soviel, als ich vereinige sie in einem Selbstbewusstsein, oder kann sie wenigstens darin vereinigen" (B 134). Also sei Kant zufolge der Gedanke der Meineheit, was das Faktum des Selbstbewusstseins ausdrückt, gleichbedeutend damit, dass die Meineheit tatsächlich vorliege, indem die Vorstellungen gerade in meinem Selbstbewusstsein vereinigt werden.

Dass die mannigfaltigen Vorstellungen in einem Selbstbewusstsein vereinigt werden, macht für Kant die synthetische Einheit derselben aus. Man bemerkt hier, dass Kant die Bezeichnung *„synthetische Einheit"* manchmal der Apperzeption selbst zuspricht, z.B. wenn er von der *„synthetischen Einheit der Apperzeption"* redet, und manchmal dieselbe Bezeichnung benutzt, um den synthetisierten Zustand des Mannigfaltigen der Vorstellungen zu beschreiben, z.B. wenn er in B 134 den Terminus *„synthetische Einheit des Mannigfaltigen der Anschauung"* verwendet. Im ersten Fall ist deshalb von *„synthetisch"* die Rede, weil erst dadurch, dass die mannigfaltigen Vorstellungen synthetisiert werden, sie auch als **meine** Vorstellungen in der Apperzeption vorgestellt werden. Also bezeichnet „synthetisch" lediglich die *„Gemeinschaft"* des Mannigfaltigen[62] qua eine notwendige Bedingung der vorgestellten Meineheit in der Apperzeption. Im letzteren Fall handelt es sich um die synthetische Einheit im am häufigsten gemeinten Sinne, nämlich die Einheit der durch den *„Aktus der Spontaneität der Vorstellungskraft"* (B 130) erzeugten Synthesis des Mannigfaltigen selbst. Sie heißt eine Einheit nur deshalb, weil, genau wie die Meineheit, sie auch dem EINEN Aktus der Spontaneität zu verdanken ist. Diesen Aktus nennt Kant den Verstand, der *„nichts weiter ist, als das Vermögen, a priori zu verbinden, und das Mannigfaltige gegebener Vorstellungen unter Einheit der Apperzeption zu bringen"* (B 135).

Im zweiten Fall soll die synthetische Einheit zusammengefasst folgende vollständige Bezeichnung haben: die vom Verstand verrichtete synthetische Einheit des gegebenen Mannigfaltigen in der Anschauung. Im ersten Fall heißt *„die synthetische Einheit der Apperzeption"* ehe die in der Apperzeption vorge-

---

[62] Zur Interpretation der Meineheit als einer synthetischen Einheit, s. Reinhard Hiltscher: Einführung in den Deutschen Idealismus, WBG, Darmstadt, 2016, S. 45f.

stellte Meineheit **der synthetischen Einheit des Mannigfaltigen**. Ich behandele den tatsächlich verschiedenen Gebrauch des Kantschen Terminus der synthetischen Einheit in dieser Abhandlung so, dass, ich, wo im Kantschen Kontext ohne spezielle Erwähnung von *„synthetische Einheit der Apperzeption"* allein von *„synthetische Einheit"* die Rede ist, nur die Einheit im zweiten Fall verstehe, nämlich als die vom Verstand auf der Seite der Anschauung verrichtete synthetische Einheit des Mannigfaltigen.

4.3 Die Rekonstruktion der Argumentationen der transzendentalen Deduktion

Man sollte sich hier stets daran erinnern, dass die Apperzeptionstheorie Kants überhaupt seiner transzendentalen Deduktion der Kategorien dienen soll, die die Aufgabe hat, die Synthesis des Mannigfaltigen der Vorstellungen als notwendig nachzuweisen. Der vorherigen Analyse zufolge scheint dieses Beweisziel erreicht zu werden. Man kann nämlich Kants Kernargumentation in der B-Deduktion, die mithilfe der Apperzeptionstheorie durchgeführt wird, in zwei Schritten rekonstruieren[63]:

Alle in meinem Selbstbewusstsein stehenden Vorstellungen müssen von der Vorstellung des „Ich-denke" begleitet werden können. D.h., die Denkbarkeit der Vorstellungen ist die notwendige Bedingung für ihr Bewusstwerden bzw. das Selbstbewusstsein selbst. Aber alle denkbaren Vorstellungen müssen auch im Selbstbewusstsein zusammenbestehen können bzw. synthetisiert werden können, falls das Bewusstsein zur Vorstellung der Meineheit der denkbaren mannigfaltigen Vorstellungen fähig sein bzw. falls das Bewusstsein überhaupt ein Selbstbewusstsein sein sollte. Diese für das Selbstbewusstsein unentbehrliche Synthetisierung der Denkbaren müsse nach Kant (vgl. § 19) in dem Urteilen vollendet werden.

Diese Argumentation macht 1. Deduktionsschritt aus, deren Ausgangspunkt, wie gesagt, in dem Faktum des Bewusstseins: Mir gehören manche Vorstellungen, sodass diese auch objektiv mittels des synthetisierenden Urteilens, d.i. als synthetische Einheit, die Meineheit aufweisen. Nicht jede bewusste Vorstellung selbst muss gedacht werden, aber sie muss sozusagen auf irgendeine „Ich-denke"-Begleitung bezogen sein, sodass das Faktum des Bewusstseins auch das Faktum des Selbstbewusstseins ist. Mit anderen Worten: Das empirische gegenstandbezogene Bewusstsein und das Bewusstsein des identischen Selbst, das man im Urteilen begegnet, immer zusammen auftreten und ohne einander unmöglich wären. Daher kann ich mir meiner nicht bewusstwerden, wenn es nichts gibt, was zugleich als

---

[63] Dieter Henrich ist der erster, der die zwei-Schritte-Struktur von Kants B-Deduktion systematisch herausgearbeitet. Kant selber hat lediglich in §21 gesagt, dass bis dahin „der Anfang einer Deduktion der reinen Verstandesbegriffe gemacht" wird. Vgl. Dieter Henrich: „Die Beweisstruktur von Kants transzendentaler Deduktion", in: Prauss, G. (Hrsg.): Kann. Zur Deutung seiner Theorie vom Erkennen und Handeln, Köln, 1973, S. 90-104

mir gehörig gedacht werden könnte. Dazu sagt Kant ausdrücklich: „*Ich bin mir also des identischen Selbst bewußt, in Ansehung des Mannigfaltigen der mir in einer Anschauung gegebenen Vorstellungen, weil ich sie insgesamt meine Vorstellungen nenne, die eine ausmachen*" (B 135).

Umgekehrt ist das empirische Bewusstsein, „*welches verschiedene Vorstellungen begleitet*" (B 133) ebenfalls nur dann möglich, wenn, zusätzlich zu den im empirischen Bewusstsein vorkommenden Vorstellungen, das „Ich-denke" vorgestellt werden könnte. Dazu sagt Kant „*die analytische Einheit der Apperzeption ist nur unter der synthetischen möglich*" (B 133). Die synthetische Einheit ist aber nur im Urteilen, also mit irgendeiner „Ich-denke"-Begleitung möglich. Im empirischen Bewusstsein ist analytische Einheit anzutreffen, die als einzelne immer im Unterschied zu anderen einzelnen besteht und eben im Sinne der Absonderung von anderen die „analytische" genannt wird (s. B 134, Anmerkung). Im Gegensatz dazu ist die synthetische Einheit eine solche Einheit, welche alle mannigfaltigen Vorstellungen ausschließlich angesichts ihrer Meineheit bilden.

Es ist folglich selbstverständlich, dass, falls eine analytische Einheit nur unter der Voraussetzung einer synthetischen möglich und diese erst im Urteilen möglich ist – welches aber nicht unbedingt das Denken jener analytischen Einheit bedeutet –, das einzelne empirische Bewusstsein doch das Selbstbewusstsein, nämlich das Bewusstsein des identischen Ich voraussetzt. Gerade in diesem Sinne, nämlich dass die reine Apperzeption qua Selbstbewusstsein allen bewussten Inhalten immanent ist, – was aber nicht ohne weiteres ihre Begleitung durch das „Ich-denke" bedeutet bzw. das Gedacht-Werden von ihnen bedeutet –, wird die reine Apperzeption auch mit Recht „*oberste Strukturbedingung des Wissens*" genannt[64]. Auch gerade deswegen, weil im „*Grundsatz der notwendigen Einheit der Apperzeption*" (B 135) die Notwendigkeit des Bewusstseins des Ichs für das empirische Bewusstsein artikuliert wird, gilt er im Verhältnis zu dem Faktum des Selbstbewusstseins bei Kant als „*ein analytischer Satz*" (B 135).

Das Faktum des Bewusstseins, nämlich die ursprüngliche Apperzeption, gilt bei Kant als theoretisch nicht hintergehbar. Dennoch glaubt Kant, von ihrer Bedingung seiner Möglichkeit etwas aussagen zu müssen. Zwar wird vorher die Abhängigkeit des Selbstbewusstseins von dem empirischen Bewusstsein kurz erwähnt, was erklärt, warum eine urteilende Synthesis für das Mannigfaltige in der Anschauung notwendig ist. Damit verweist Kant auf die Notwendigkeit der Synthesis des Mannigfaltigen der Anschauung: „*dieser Grundsatz...erklärt aber doch eine Synthesis des in einer Anschauung gegebenen Mannigfaltigen als notwendig*" (B 135). Aber die reelle Möglichkeit der Apperzeption wird noch nicht dargetan: Was wäre, falls das Selbstbewusstsein deswegen unmöglich wäre, weil es gar keine Vorstel-

---

[64] Kant-Lexikon, Band 1, De Gruyter, Berlin, S. 145

lungen an erster Stelle gäbe, die für urteilende Synthesis geeignet wären? Kant muss diese Lücke in seinem zweiten Deduktionsschritt (§ 21- § 27) schließen können.

Das Problem des zweiten Deduktionsschritte geht eigentlich auf die implizite Annahme Kants, dass vom Bewusstsein überhaupt auf das Dasein, das in diesem Bewusstsein vorkommt, geschlossen werden kann. Dies ist eine wichtige These, die Kant leider nicht weiter behandelt und völlig entfaltet hat[65], sodass deren Begründungsbedürfnis im zweiten Schritt in Form von der Synthetisierbarkeit des Mannigfaltigen in der Anschauung wieder kehrt. Ihre Begründung schließt eine ontologische Lehre ein: Die Vorstellung setzt die Existenz von diesem Etwas deshalb notwendig voraus, weil angenommen wird, dass die Vorstellung ihrer ontischen Natur nach eine getreue Abbildung vom Vorgestellten ist. Es muss nämlich dargetan werden, dass das Mannigfaltige an sich das enthält, was es im Bewusstsein aufweist, nämlich die Synthesis.

Die Konsequenz aus Kants erstem Deduktionsschritt (§ 15 - § 20) lautet, dass sowohl das empirische Gegenstandsbewusstsein als auch das vom identischen Ich, die zusammengefasst **die Vorstellung der synthetischen Einheit** genannt werden mögen[66], die synthetische Einheit selbst als ihren eigenen Seinsgrund voraussetzen müssen und zusammen eine getreue Darstellung von dieser Einheit darstellen, wobei diese ontische Einheit nicht mehr die formale Meinheit der Apperzeption bzw. der gemeinsame Bezug der Vorstellungen auf das identische Ich im „Ich-denke" ist, sondern vielmehr die horizontal unter einander zusammengesetzte Einheit des Mannigfaltigen bedeuten soll. Banal geäußert, ist das x im Satz „Ich denk, dass x" sowohl der Seinsgrund des Bewusstseins von x als auch des Selbstbewusstseins,

---

[65] Nach der in B144-145 geäußerten Einsicht Kants, dass die Einheit der „Art wie in der Sinnlichkeit empirische Anschauung gegeben ist" „keine andere sei als welche die Kategorie …dem Mannigfaltige einer gegebenen Anschauung überhaupt vorschreibt", ist Kant sich jener These bewusst, obzwar in einer unscharfen Weise: die Einheit der gegebenen empirischen Anschauung, welche auf die Einheit von Raum-Zeit zurückgeht, ist gerade die durch den Verstandesakt geleistete synthetische Einheit des Mannigfaltigen. Die letztere wäre grob gesagt die Einheit des Bewusstseins und die erstere die Einheit des Daseins. In diesem Sinne bewegt sich Kant in seinem zweiten Deduktionsschritt, der auf die Einheit von Raum-Zeit rekurriert – um das Dasein mit dem Bewusstsein in Übereinstimmung zu bringen –, auf die richtige Richtung. Sie ist aber deswegen unbefriedigend, weil die empirische Anschauung nach Kants eigener dichotomischer Lehre nicht mit dem gegebenen Mannigfaltigen zu identifizieren ist. Dieses gelte immer unverbunden, während in der empirischen Anschauung figürliche Synthesis vorhanden sei.

[66] Sie ist von dem Denken sorgfältig zu unterscheiden. Falls ein gegenstandsbezogenes Bewusstsein **unter** der reinen Apperzeption (d.i. qua der Meinheit-Vorstellung) steht, muss es selber nicht gedacht werden. Falls aber es **mit** der reinen Apperzeption (d.i. qua dem Bewusstsein des identischen Ichs) auftritt, dann wird es gedacht. Sie bedeutet daher zuerst die notwendige, aber lockere Zusammennehmung der beiden Bewusstseinstypen in Modus des „unter", was nicht unbedingt das Denken des empirischen Gegenstands ist, denn dieses ist die wirkliche Fusionierung der beiden Bewusstseinstypen im Modus des „mit". „Damit wird die Apperzeption als ein erster, aber noch unzureichender Fall eines Handelns eines freien Begriffs (um)gedeutet", „der [in Kantscher Fassung] …auf ein Fremdes zurückgreifen muss", vgl. Lu De Vos: „Der Begriff und die Einheit der Apperzeption", in: Hegels Antwort auf Kant, Hrsg. von Andreas Arndt, Brady Bowman, etc., De Gruyter, Berlin, 2017, S. 114, 117. Gemeint ist, dass die reine Apperzeption aufgrund dieses gerade besagten Unterschieds bei Kant nicht ausreichend ist, um daraus das Denken eines Gegenstands abzuleiten bzw. seinen Begriff zu bestimmen.

das in der „Ich-denke"-Begleitung geäußert wird, sowie zusammengefasst des Urteils, das in der Zusammennehmung von „Ich denke" und „dass x" besteht und wie gesagt auch **die Vorstellung von der synthetischen Einheit des Mannigfaltigen** ausmacht, deren Seinsgrund gerade x lautet. Einfacher gesagt: Das x ist der Seinsgrund von dem Gedanken bzw. der Vorstellung, dass „ich denke, dass x", und umgekehrt ist diese Vorstellung eine getreue Darstellung von dem Tatbestand, dass das x als eine synthetische Einheit des Mannigfaltigen der Anschauung existiert.

Allerdings kann der wie oben rekonstruierte erste Deduktionsschritt, dass die mithilfe der Kategorien zu errichtende synthetische Einheit des Mannigfaltigen die notwendige Bedingung für ihre Vorstellung sei, erst in einem größeren theoretischen Rahmen, dass die Einheit des seienden Mannigfaltigen und die Einheit der Vorstellung desselben identisch sei, begründet werden. Denn ansonsten dürfte man weiter fragen, wie die seinsgemäße Synthesis des Mannigfaltigen möglich ist oder was ihre eigene notwendige Bedingung ist. Die Anwendung der Kategorien zwecks der Synthesis gilt nämlich nur als notwendig, wenn die Synthesis wirklich seinsgemäß möglich ist. Wie vorher erwähnt ist die synthetische Einheit deshalb eine notwendige Bedingung für ihre Vorstellung bzw. das Faktum des Selbstbewusstseins, weil diese Vorstellung eine getreue Abbildung jener Einheit darstellt. Man braucht nur noch einen kleinen Schritt vorwärtszumachen, um weiterzugehen.

Es handelt sich dabei also um folgenden Gedankengang: Die synthetische Einheit enthält zugleich umgekehrt eine hinreichende Bedingung für die Vorstellung derselben. Falls die Vorstellung der synthetischen Einheit immer eine getreue Darstellung derselben liefert, dann wird mit dem Dasein der synthetischen Einheit eigentlich auch ihre Vorstellung, zumindest in impliziter Weise, mitgegeben. In dem Sinne, dass, falls diese Vorstellung unmöglich wäre, die synthetische Einheit selbst auch unmöglich wäre, die Vorstellung sogar die notwendige Bedingung für die synthetische Einheit. Es gilt somit zusammengefasst: Die synthetische Einheit ist nicht nur die notwendige Bedingung, sondern auch die hinreichende Bedingung für die Vorstellung von ihr, und umgekehrt. Die beiden sind eigentlich, wie vor Kurzem erwähnt ist, unzertrennlich und faktisch identisch. Man hat jetzt folgende Argumentationsstruktur vor Augen:

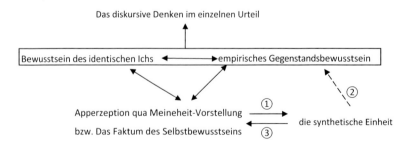

In dieser Grafik bedeutet der Pfeil ①, dass die synthetische Einheit die notwendige Bedingung für die Vorstellung derselben bzw. für das Faktum des Selbstbewusstseins ist, und Pfeil ③, dass das Faktum des Selbstbewusstseins zugleich umgekehrt die notwendige Bedingung für die synthetische Einheit ist, oder damit gleichbedeutend, dass die synthetische Einheit zugleich die hinreichende Bedingung des gesamten genannten Bewusstseins ist. Diese Struktur erklärt also nicht nur die synthetische Einheit des Mannigfaltigen für die notwendige Bedingung eines bestimmten Urteils, sondern besagt auch, dass die synthetische Einheit **inhaltlich** in gewissem Sinn für einzelnes Urteil bestimmend ist (s. Pfeil ②), worin einzelner Gegenstand gedacht wird. Man kann infolgedessen behaupten, dass die synthetische Einheit des Mannigfaltigen die *causa essendi*, nämlich der Seinsgrund der Apperzeption qua Meineheit-Vorstellung und ferner des empirischen Bewusstseins und empirischen Denkens. Und umgekehrt gilt, Kant folgend, die Apperzeption und ferner das empirische Bewusstsein die *causa cognoscendi*, nämlich Erkenntnisgrund der synthetischen Einheit ist.

Dass die *causa cognoscendi* und *causa essendi* bei Kant voneinander getrennt, d.h., nicht auf eine und dieselbe Instanz zurückgeführt sind, liegt nah. Was für diese Trennung spricht, ist Kants Standpunkt, dass die synthetische Einheit allein dem verbindenden Akt des Verstands zu verdanken ist[67]. D.h., dass das Mannigfaltige „*in einem allgemeinen Selbstbewusstsein zusammenstehen [kann]*" (B 133), sei Kant zufolge eine Leistung des synthetisierenden Verstandes[68], anstatt der Leistung des Selbstbewusstseins selbst, die in der Kantschen Philosophie stets von dem Verstand streng zu unterscheiden ist. Dass die synthetische Einheit nicht von dem Bewusstsein hinreichend bestimmt wird, bestätigt noch einmal meine vorher erwähnte These, dass Kant sich nur in sehr unscharfer Weise dessen bewusst, dass die synthetische Einheit und die Vorstellung derselben (d.i. das Bewusstsein derselben) identisch sind. Aus gutem Willen kann ich davon ausgehen, dass Kant, besonders durch seinen versuchten zweiter Deduktionsschritt, doch in die oben skizzierte Bewusstseinsstruktur gedrungen ist, so dass seine gesamte transzendentale Deduktion problemlos darin eingebettet werden kann. Dennoch ist er jedenfalls nicht so weit

---

[67] Das ist eigentlich die Kantschen „Grenzen" nach Mcdowells Meinung, „denen Kants Erweiterung der Apperzeption ins Territorium der Ästhetik unterliegt" und die zugleich als Barriere zu Hegels „echten Idealismus" (s. Mcdowell, S. 125) gilt. Damit meint Mcdowell, dass, obwohl in der empirischen Anschauung eine Einheit der Apperzeption apriorisch festgestellt werden kann, diese Einheit bei Kant doch mittels des Schematismus grundsätzlich von der Verstandeseinheit abhängig und somit des reellen Mannigfaltigen fremd bleibt, so dass Kant sich angesichts dessen in der transzendentalen Ästhetik gezwungen sieht, die Einheit von Raum und Zeit als eine unabhängige Erfahrungsbedingung geltend zu machen. Darin besteht die Kernthese der Argumentation im zweiten Deduktionsschritt Kants. An dieser Grenze hört nämlich die Erweiterung der Apperzeption ins An-sich-Sein des gegebenen Mannigfaltigen auf, was man mit Mcdowell bedauern kann.

[68] Auf B 134 steht: „…nur dadurch, dass ich das Mannigfaltige…in einem Bewusstsein [d.h. in einem Akt des Verstands] begreifen kann, nenne ich dieselben insgesamt meine Vorstellungen".

gekommen, um auf einer wahrhaften Identität jener beiden stoßen zu können, sodass die Argumentation Lücken aufweist und nicht als erfolgreich anerkannt wird.

Insgesamt zeigt sich die Spontaneität des Subjekts in Bezug auf die Apperzeption Kant zufolge in zwei verschiedenen Formen: einmal als der verbindende Verstand, andersmal als das Selbstbewusstsein, obwohl Kant die beiden oft in der Ausführung der transzendentalen Deduktion in Zusammenhang zu bringen versucht: Das Selbstbewusstsein (d.h. die reine Apperzeption qua Meineheit-Vorstellung des Mannigfaltigen) sei nur dann möglich, wenn das Mannigfaltige durch den Verstand in meinem Urteilen synthetisiert wird. Um der Klarheit willen werden die beiden in dieser Abhandlung immer mit Sorgfältigkeit verschieden benannt. Im Folgenden werden sowohl das empirische Bewusstsein des Objekts als auch das Bewusstseins des identischen Selbst, sowie, falls man die Zusammennehmung der beiden ersten meint, das Selbstbewusstsein, also die notwendige Vorstellung der Meineheit, mit dem gemeinsamen Namen „Bewusstsein" bezeichnet (vorher werden sie mehrmals Vorstellung der synthetischen Einheit genannt), um ihre Abtrennung von dem Verstand zugunsten der nachfolgenden Kritik an der Kantschen Dichotomie effektiver zu diagnostizieren.

4.4 Das Dichotomie-Problem im Kontext der Bewusstseinstheorie Kants

Die Trennung von *causa cognoscendi* und *causa essendi* legt die dichotomische Position Kants nah: Die gleichsam zweimalige Setzung der Spontaneität des Subjekts drückt deutlich aus, dass die synthetische Einheit des Mannigfaltigen kein Produkt des Bewusstseins ist, das ausschließlich die notwendige aber keine hinreichende Bedingung von jener darstellt, und somit eine Unabhängigkeit von diesem besitzt, oder genauer genommen, eine ontologische Priorität vor demselben hat[69], genau wie die *causa essendi* eine solche Priorität vor *causa cognoscendi* hat. Man gewinnt damit den Eindruck, dass die synthetische Einheit zuerst durch den Verstand zustande gebracht werden müsste, damit sie dann im Bewusstsein vorkommen könnte. Das bedeutet weiterhin, dass zwei Fremdartige, nämlich das unverbundene Mannigfaltige und der a priori verbindende Verstand, die eigentlichen Gegenspieler wären. Die synthetische Einheit entsteht in diesem Szenario erst dann, wenn der Verstand unmittelbar auf Basis des Mannigfaltigen in der Anschauung operiert. Hegel nennt die Kantsche „synthetische Einheit" infolgedessen überhaupt nur eine „formale" (JS, S. 308) Identität und Kant vorwirft, dass die Identität der Kantschen synthetischen Einheit den Anschein erhalte, dass *„sie die Antithesis voraussetzte und der*

---

[69] Unter der These des „genetischen Primats von Anschauungen gegenüber Begriffen" hat Stefan Kühnen diese Priorität debattiert, und zwar als eine widerspruchsvolle These, s. Stefan Kühnen, „Kant und Hegel über Wahrnehmung", S. 261

Mannigfaltigkeit der Antithesis als eines von ihr Unabhängigen und Fürsichseienden bedürfte, also der Natur nach später wäre als die Entgegensetzung" (JS, S. 306). Die kritisierte Formalität der Identität bei Kant besteht Hegel zufolge in einer bloßen Setzung des *„Kausalzusammenhang[s]"* zwischen beiden *„Absoluten"*, oder, zwischen *„etwas völlig Ungleiche[n]"*. Der Verstand sei also das Subjekt, während das Mannigfaltige von Empfindungen das *„Organ"* des Dings an sich darstelle, denn die Empfindungen bei Kant seien *„allein nicht a priori, d.h. nicht im menschlichen Erkenntnisvermögen... gegründet"* und seien ursprünglich wie das Ding an sich schlechthin unbestimmt. Mit der Setzung der synthetischen Einheit bzw. der formalen Identität wird das ursprünglich gegebene Mannigfaltige Objekt, *„insofern es einige Bestimmtheit vom tätigen Subjekt erhält"* (JS, S. 310). Insgesamt bezeichnet Hegel Kants Apperzeptionstheorie als einen *„psychologischen Idealismus"* (JS, S. 311), denn der Mechanismus der Hervorbringung der Kantschen synthetischen Einheit ähnelt der mechanischen Wirkungsweise, die in der Psychologie weit anerkannt wird.

Eng verbunden mit dieser Dichotomie von unbestimmtem Mannigfaltigen und dem Verstand ist die im ersten Teil eingeführte Problematik der Erfahrung. Die Kantsche Erkenntnistheorie lässt sich aus der Bewusstseinstheorie rekonstruieren. Um dies nachzuvollziehen, muss man einen Rückblick auf das Bewusstsein der synthetischen Einheit werfen. Ich gehe davon aus, dass, obwohl Kant nicht ausdrücklich eine systematische Bewusstseinstheorie aufstellt, er dennoch eine eben skizzierte Bewusstseinstheorie implizit hinnimmt, die eine dualistische Struktur von *causa essendi* und *causa cognoscendi* aufweist, ansonsten die transzendentale Deduktion der Kategorien nicht mehr so aussähe, wie wir analysieren. Denn mit welcher Berechtigung geht Kant von dem Faktum des Bewusstseins zur synthetischen Einheit selbst, wenn er nicht angenommen hätte, dass in der letzteren die *causa essendi* alles empirischen Bewusstseins besteht und dieses selbst, einschließlich der dieses notwendig begleitenden Meineheit-Vorstellung, umgekehrt bloß die *causa cognoscendi* der synthetischen Einheit ist, sodass Kant eines zweiten Deduktionsschritts bedarf, um die reelle Möglichkeit der synthetischen Einheit, leider in unbefriedigender Weise, durch die reine Form der Raum-Zeit darzutun?

Die Ich-denke-Begleitung ist nicht das Bewusstsein der synthetischen Einheit selbst, sondern nur ein mögliches Nebenprodukt von ihm. Seine richtigen Produkte heißen das empirische Bewusstsein und das Selbstbewusstsein des identischen Selbst. Bei Kant versteht man diese Janusköpfigkeit des als Faktum betrachteten Bewusstseins nicht wirklich, außer wenn man von einer Vorstellung der synthetischen Einheit ausgehend auf die innere Differenz der synthetischen Einheit, d.i. die zwischen dem Mannigfaltigen und dem Verstand, – denn Mein Mannigfaltiges sei nicht das Ich selbst, sondern es nur gehört zu Mir und wird von Mir synthetisiert – reflektiert, so dass die Reflexion auf das erstere zu einem von Bewusstsein des Ichs unterschiedenen Gegenstandsbewusstsein führt, und die Reflexion auf den letztere hauptsächlich für das Bewusstsein der Unterwerfung des letzteren Bewusstseinstyps unter dem ersteren Bewusstseinstyp sorgt[70]. Dafür scheint Kants eigenes Wort zu sprechen, indem er einerseits behauptet, dass die „*durchgängige Identität der Apperzeption [also das Bewusstsein des identischen Ichs] … nur durch das Bewusstsein dieser Synthesis möglich [ist]*" (B 133), andererseits ausdrücklich sagt, dass die reine Apperzeption qua das Bewusstsein des identischen Ichs „*selbst noch nicht das Bewusstsein der Synthesis der Vorstellungen ist*" (B 134). Erst vor diesem Hintergrund lässt sich eine akzeptable Erkenntnistheorie bilden.

Erstens ermöglicht das Bewusstsein der synthetischen Einheit das empirische Denken. Man weiß jetzt, dass im Bewusstsein der synthetischen Einheiten das empirische Bewusstsein erst in Differenz zum Selbstbewusstsein des Ichs, d.i. mit der Ich-denke-Begleitung erzeugt werden kann. Die analytische Einheit im empirischen Bewusstsein setzt somit notwendig das Denken voraus, obwohl dabei nicht unbedingt es selbst als Subjektterm eines Urteils gedacht wird.

Die synthetische Einheit des Mannigfaltigen entspricht nicht der Kantschen unbestimmten transzendentalen Vorstellung des Gegenstands, die der reine Verstand angeblich erst durch die Synthetisierung des ursprünglich unverbundenen Mannigfaltigen zustande bringt. Wäre sie unbestimmt, dann wäre sie auch nicht imstande, als Standpunkt der Reflexion auf die beiden Bewusstseinstypen zu gelten. Vielmehr ist die synthetische Einheit unmittelbar durch das Bewusstsein der synthetischen Einheit, welches ein Bewusstsein des konkreten Erkenntnissubjekts ist, hinreichend bestimmt. Ganz genau wie die analytische Einheit die synthetische Einheit voraussetzen muss, so wird die synthetische Einheit sozusagen von dem empirischen Bewusstsein bzw. der analytischen Einheit bestimmt. Diese Bestimmung wird, wie ich noch aufzeigen werde, in der Schließung vollendet.

Mit der Rekonstruktion dieser sachgemäßen Erkenntnisstruktur wird auch die dichotomische Problematik in Kants Erfahrungstheorie als Kontrast beleuchtet. Zunächst ist der Verstand, der das Mannigfaltige angeblich a priori verbindet, eine bloße Hypothese Kants, so dass die davon errichtete synthetische Einheit, in Hegels Wort ausgedrückt, ebenfalls bloß ein Setzen ist. Hegel zufolge wird mit dem Setzen

---

[70] S. auch Dieter Henrich: Identität und Objektivität, Heidelberg, 1976, S. 59ff., und Johann Heinrich Königshausen, Kants Theorie des Denkens, Amsterdam, 1976, S.99-115. Die beiden Autoren weisen darauf hin, dass Kants Apperzeptionstheorie notwendigerweise eine Theorie der funktionalen Reflexivität impliziert, wonach die Apperzeption qua das Bewusstsein des identischen Ichs oder die Ich-denke-Begleitung der funktionalen Reflexivität des konkreten erkennenden Subjekts entstammt, welche letztere fordert, dass das konkrete Subjekt die Eigenbestimmtheit des Ichs und die anschaulichen Vorstellungen sowohl hinsichtlich ihres Zusammenhangs als auch hinsichtlich ihrer Differenz fassen kann und muss. Bei Kant besteht aber dieses überordnete Bewusstsein des konkreten Erkenntnissubjekts nicht, denn auf der Seite des Seins ist die synthetische Einheit noch nicht als ontisch gegründet erwiesen, sodass auch kein einheitliches Bewusstsein derselben besteht.

des Verstandes, der daher zum *„absoluten Punkt der Egoität"* (JS, S. 314) wird, zugleich *„das Setzen einer absoluten Antithesis und eines Dualismus"* (JS, S. 315) vorgenommen. *„Auf diese Weise wird also die Objektivität der Kategorien in der Erfahrung und die Notwendigkeit dieser Verhältnisse selbst wieder etwas Zufälliges und ein Subjektives"* (JS, S. 313). In einem Wort: Der Anspruch in der transzendentalen Deduktion der Kategorien, die apriorische Verbindung irgendwie als notwendig und weiterhin die Erfahrungsurteile als objektiv gültig nachzuweisen, wird schon durch das subjektive Setzen des Verstands zum Scheitern verurteilt.

Zweitens ist das, was der Verstand leistet, eine synthetische Einheit, während das, was durch das Bewusstsein derselben im empirischen Bewusstsein vorkommt, eine analytische Einheit darstellt, die von der Synthesis des Mannigfaltigen dadurch zu unterscheiden ist, dass das Mannigfaltige in der synthetischen Einheit bei Kant ausschließlich in Bezug auf den Verstand eine Einheit bildet, während die Vorstellungen in einer analytischen Einheit zugleich in Differenz zu dem Ich, mithin auch zum Verstand und darüber hinaus mit einander zu einer Einheit zusammengesetzt werden[71]. Es ist daher unmöglich, zu beurteilen, ob die synthetische Einheit auf der Seite des Seins mit der analytischen Einheit auf der Seite des Bewusstseins überhaupt nach irgendeinem Kriterium miteinander übereinstimmen, denn sie sind bei Kant überhaupt in verschiedenen Arten hergestellt.

Dem entsprechend und aus erkenntnistheoretischer Perspektive betrachtet, wird die Wahrheit des empirischen Wissens, die Kant zufolge in der Übereinstimmung der Erkenntnis eines Gegenstands mit diesem bestehen sollte, verunmöglicht, denn innerhalb des theoretischen Rahmens Kants gibt es wegen der gedoppelten Setzung der Spontaneität des Subjekts, einmal Verbindung durch den Verstand und einmal Bewusstmachung unter der Apperzeption, keinen Grund, den Gegenstand in der Anschauung, dessen Vorstellung eine unbestimmte und durch Verstand geleitete synthetische Einheit ist, mit dem intentionalen Gegenstand im empirischen Denken, der durch das Bewusstsein eine analytische Einheit aufweist, ohne weiteres zu identifizieren.

Hegel sieht diese Schwierigkeit Kants ein und nennt daher Kants Theorie der Apperzeption *„eines der schwersten Stücke der Kantischen Philosophie"*. Eigentlich liegt die Schwierigkeit nicht in Kants Darstellung, sondern in seiner Theorie selbst, denn sie maßt sich an, *„dass über die bloße Vorstellung des Verhältnisses, in welchem Ich und der Verstand...stehen, zum Gedanken hinausgegangen werden soll"* (Logik, S. 13). Hegels Kritik lautet vereinfacht geäußert so: von der bloßen Kantschen synthetischen Einheit, die nur als formale Meineheit des Mannigfaltigen gedeutet werden kann, kann nicht auf die analytische

---

[71] Vgl. Reinhard Hiltscher: Einführung in die Philosophie des deutschen Idealismus, WBG, Darmstadt, 2016, S. 45-46

Einheit, die die inhaltliche Bestimmung des Mannigfaltigen, nämlich *„Gedanken"* angeht, gefolgert werden. Von dem Standpunkt einer vollständigen Abtrennung von *causa essendi* und *causa cognoscendi* ausgehend, oder davon ausgehend, dass die synthetische Einheit allein dem Verstand anstatt des Bewusstseins zu verdanken sei, kann man das Bewusstsein nicht mehr als eine **notwendig** getreue Darstellung der synthetischen Einheit, nämlich nicht mehr als eine eigentliche *causa cognoscendi* von dieser entlarven. Als dann wäre der Anspruch des empirischen Wissens auf die Wahrheit überhaupt entfallen.

4.5 Kant unmittelbar mit Hegel konfrontiert
4.5.1 Die Abschaffung der Dichotomie

Die Lösung der Problematik der Erfahrung, wie vorher schon erläutert, fordert die Abschaffung der Dichotomie auf. Im Kontext der Bewusstseinstheorie bedeutet das in erster Linie, dass die *causa cognoscendi* und *causa essendi*, anstatt auseinander zu liegen, vereinigt werden sollten, d.h., das Bewusstsein der synthetischen Einheit soll nicht nur als *causa cognoscendi*, sondern auch als *causa essendi* der synthetischen Einheit gelten. Da die synthetische Einheit umgekehrt zugleich *causa essendi* des Bewusstseins derselben ist, so lautet der Lösungsweg: sowohl die synthetische Einheit als auch dessen Bewusstsein sind *causa sui* und sie sind die Selbstverursacher durcheinander. Anders ausgedrückt sind die beiden die Begriffsmomente der einen *causa sui*, nämlich des einzelnen Begriffs, wobei die synthetische Einheit der Allgemeinheit und das Bewusstsein derselben der Einzelheit des Begriffs entspricht.

Da nun die synthetische Einheit als mit dem Bewusstsein derselben vereinigt gilt, ist es nicht mehr nötig, zwecks der Erklärung der Genesis der synthetischen Einheit einen Verstand und mit ihm die Dichotomie des Verstands und der Anschauung anzunehmen. Die synthetische Einheit ist nicht mehr ein bloß von außen Gesetzes und damit Zufälliges[72], sondern ein Gesetztes durchs Bewusstsein, welches letztere selber wieder ein Gesetztes durch die synthetische Einheit qua *causa essendi* ist. Das heißt insgesamt, die synthetische Einheit sei eins vermitteltes Selbstgesetzes, eine wahrhaft ursprüngliche synthetische Einheit. Mit der ontologischen Fundierung der synthetischen Einheit wird auch das notwendige Vorliegen des empirischen Bewusstseins abgesichert, da das Bewusstsein der synthetischen Einheit aufgrund

---

[72] S. auch Mcdowell:" ... ist es entscheidend zu betonen, dass das, was Kant nach meiner Kritik außerhalb des Bereichs der Einheit der Apperzeption belässt, nur das ist, was wir nach meinem Vorschlag als Materie unserer formalen Anschauung verstehen können" (Mcdowell, 121-122). Mcdowell teilt also die gleiche Lösungsstrategie: das Mannigfaltige will er als „Materie", nämlich den Inhalt der „formalen Anschauung" bzw. des Bewusstseinsakts ansehen, damit Etwas „außerhalb des Bereichs der Einheit der Apperzeption" Bleibendes, was dem Kantschen Ding an sich gleicht, wegfallen kann.

seiner faktischen Identität mit derselben ebenfalls eine *causa sui*[73] wird. Man hat es damit nicht mehr mit einer bloßen möglichen Erkenntnis, sondern mit einer notwendigen Erkenntnis zu tun. Darin liegt der echte Nachweis der objektiven Gültigkeit der Erfahrungserkenntnis, also nicht bloß der Form nach, wie die Kantschen synthetischen Sätze a priori sind, sondern auch dem Inhalt nach, als Letztbegründung der Erfahrungserkenntnis.

Eine weitere wichtige Konsequenz daraus, dass die synthetische Einheit aus dem Bewusstsein derselben hervorgeht, lautet, dass die synthetische Einheit sich notwendig als die analytische Einheit aufzeigt, denn jene wird notwendig durch das Bewusstsein der synthetischen Einheit und somit auch durch das der analytischen Einheit hinreichend bestimmt. Die Kantsche These, dass „*die analytische Einheit der Apperzeption nur unter der Voraussetzung irgendeiner synthetischen möglich*" (B 133) sei, muss daher in umgekehrter Richtung gelten können. D.h., das Mannigfaltige weist an sich Verbindung miteinander auf und ist damit ursprünglich ein Mannigfaltiges von analytischen Einheiten, erst wodurch ihre Verbindung eine ausreichend bestimmte synthetische Einheit hervorbringen kann. Eine detaillierte Nachvollziehung läuft folgendermaßen:

Hegel hat in seinem Aufsatz „*Glauben und Wissen*" hinsichtlich dieser Problematik deutlich geäußert, dass die relative Identität, die die Kantsche synthetische Einheit ist, nur vorhanden ist, wenn der relative Gegensatz, der zwischen dieser relativen Identität und der Mannigfaltigkeit in der Anschauung besteht und somit die Identität selbst zu einer analytischen Einheit macht, ebenfalls vorhanden ist (s. JS, S. 305-306). Die synthetische Einheit ist nämlich eine Identität, „*die im Anschauen ganz und gar in die Mannigfaltigkeit versenkt ist, zugleich als ihr entgegengesetzt sich in sich als Allgemeinheit, wodurch sie die höhere Potenz ist, konstituiert*" (JS, S. 305). Von zentraler Bedeutung ist hier die Meinung Hegels, dass die synthetische Einheit keine absolute Identität sei, bzw. sich nicht grundsätzlich von der Mannigfaltigkeit erheben lassen könne, sondern nur als höhere Potenz der Allgemeinheit doch in die Differenz versenkt ist und nur dadurch die Identität bleibt. Würde die Mannigfaltigkeit durch die Synthetisierung aufgehoben wird, wie es in Kantscher Philosophie der Fall zu sein, so würde auch die relative Identität oder die bloß synthetische Einheit selber darin aufgehen. Eben aus diesem Grund ist das absolute Setzen eines Verstands, das zugleich das Setzen der synthetischen Einheit als absolute Identität bedeutet, ungeeignet, sondern man sollte den Akt des Setzens selbst als ein Setzen durchschauen bzw. man soll den Verstand, der bei Kant „*nur Erscheinungen und ein Nichts-an-sich erkennt, selbst [als] Erscheinung und nichts an sich*" (JS, S. 313) ansehen.

---

[73] Zu einer kurzen Darstellung der Lesart der *Begriffslogik* Hegels als eine „kritische Ontologie der Selbstbestimmung", s. Christian Georg Martin: Ontologie der Selbstbestimmung, Tübingen, 2012, S. 14-25.

Mit der Aufhebung des absoluten Setzens der synthetischen Einheit, das den Kantschen Verstand als *„absolutem Punkt der Egoität"* (JS, S. 314) auszeichnet, entfällt auch eine absolut gesetzte Differenz, die vom Kantschen Mannigfaltigen, das angeblich in sich gar keine Synthesis enthielte, repräsentiert wird. Das Mannigfaltige dürfte also nicht mehr ein bloßes Mannigfaltiges von Vorstellungen sein, die erst und ausschließlich in Bezug auf das identische Selbst eine gemeinsame Einheit teilte, wie Kant uns lehrt, sondern es ist vielmehr ein Mannigfaltiges von analytischen Einheiten, die als solche bereits Referenzen aufeinander enthalten. Sie können zwar zusammen eine synthetische Einheit ausmachen, aber diese wird dann eine synthetische Einheit der analytischen Einheiten, anstatt wie bei Kant eine unbestimmte synthetische Einheit von bloß unverbundenem Mannigfaltigem zu sein. Eine allen analytischen Einheiten vorangehende synthetische Einheit im Kantschen Sinne dürfte es bei Hegel nicht geben.

Eine weitere Konsequenz, die man aus der Vereinigung von *causa cognoscendi* und *causa essendi* ziehen kann, lautet: Die Mannigfaltigkeit der analytischen Einheiten muss zugleich die Mannigfaltigkeit von den synthetischen Einheiten darstellen, denn das Bewusstsein ist eine getreue Darstellung der synthetischen Einheit. Was folglich in der Mannigfaltigkeit als EINE analytische Einheit gegenüber anderen bewusst gemacht wird, muss selber ontisch eine synthetische Einheit sein. Es gibt keine atomaren Einheiten, die ausschließlich qualitative Unterschiede ohne Identität aufweisen würden. Ohne die relative Identität, die als gemeinsamer und invarianter Bezugspunkt des Mannigfaltigen überhaupt jeder analytischen Einheit innewohnt, gäbe es auch keine relative Differenz. Ein miteinander Nichts gemeinsam habendes Mannigfaltiges kann voneinander auch nicht unterschieden werden, was gegen die Möglichkeit der analytischen Einheit sprechen würde. Eine analytische Einheit, die sowohl Gemeinsames mit anderen als auch Differenzen zu anderen enthält, ist schon eine synthetische Einheit. Kant sieht zwar richtig ein, dass die analytische Einheit ohne die synthetische unmöglich sei, dennoch betrachtet er die beiden nur in einem äußerlichen Verhältnis zueinander (s. B 134, Anmerkung), ohne zu erkennen, dass die analytische Einheit selber zugleich eine synthetische sein muss, anstatt dass jene diese bloß in einem äußeren Verhältnis voraussetzt.

Somit spielt jede Einheit eine gedoppelte Rolle, zum einen als eine synthetische Einheit der mannigfaltigen analytischen Einheiten, zum anderen als analytische Einheit in Beziehung zu anderen analytischen Einheiten.

Auf der einen Seite, erst dadurch, dass die synthetische Einheit in sich ein Mannigfaltiges von analytischen Einheiten enthält, kann das in dem Urteil ausgedrückte Verhältnis der analytischen Einheiten zueinander für eine getreue Darstellung der synthetischen Einheit gehalten werden. Damit wird das Problem, wie die synthetische Einheit mit der Vorstellung derselben übereinstimmen kann, gelöst. Der

Gegebenheit des Mannigfaltigen muss stets eine bewusst machende Reflexion vorangegangen sein, damit das Mannigfaltige überhaupt ein Mannigfaltiges von analytischen Einheiten sein kann.

Auf der anderen Seite wird aus einer jeden analytischen Einheit, die aus dem Bewusstsein der synthetischen Einheit hervorgeht, wieder eine synthetische Einheit. Somit wird des Weiteren dargetan, in welcher Weise sich das Urteil, welches eine bewusst gemachte analytische Einheit ist, aus der Synthesis des Mannigfaltigen ergibt: der Verstand übt Verbindung auf das Mannigfaltige der synthetischen Einheiten aus. D.h., es handelt sich dabei stets um eine Schließung und jeder Schluss ist sowohl eine analytische Einheit oder ein Einzelner als auch eine Synthesis oder ein Allgemeines. In der Schließung lassen sich immer wieder neue analytisch-synthetische Einheiten hervorbringen bis zum Unendlichen[74]. Anders ausgedrückt ist die Notwendigkeit der synthetisch-analytischen Einheiten und weiterhin der Erfahrungsurteile erst im System der Schlüsse zu gründen, dessen konstituierende Kraft allein der reflektierend-bestimmenden Urteilskraft oder der Vernunft bei Hegel beizumessen ist.

Kant nennt die synthetische Einheit auch die objektive Einheit, *"durch welche alles in einer Anschauung gegebene Mannigfaltige in einen Begriff vom Objekt vereinigt wird"* (B 139). *"Objekt aber ist das, in dessen Begriff das Mannigfaltige einer gegebenen Anschauung vereinigt ist"* (B 137). Kant scheint unter *"objektive Einheit"* das Objekt zu verstehen. Das Problem ist aber Folgendes: Im Urteil, wie z.B. „die Sonne erwärmt den Stein" ist das Objekt offenkundig das Ereignis „Sonne-erwärmt-Stein", denn in dessen Begriff bzw. dem Urteil selbst wird das Mannigfaltige der Anschauung, wie Sonne, Stein, etc. vereinigt. Aber jenes Ereignis ist gerade eine analytische Einheit im empirischen Bewusstsein, anstatt einer bloß synthetischen im Sinne Kants. Ohne die synthetische Einheit zugleich als wesentlich analytisch anzusehen wäre sie unbestimmt und die objektive Einheit nichts anders als bloße Kontingenz.

Eben angesichts dessen scheint Kant von einer anderen Überlegung auszugehen, wenn er die synthetische Einheit als objektive Einheit bezeichnet: die synthetische Einheit sei notwendig bzw. allgemeingültig. Sie selber mache kein Objekt aus, sondern *"durch welche"* ein (empirisches) Objekt erst entstehe. *"Objektive Einheit"* bedeutete daher lediglich die objektiv gültige Einheit. Dafür spricht Kants Entgegensetzung von der objektiven Einheit und der subjektiven Einheit, welche letztere ihm zufolge anstatt durch den Verstand bloß durch die *"Bestimmung des inneren Sinnes"* oder *"durch Assoziation der Vorstellung"* (B 139 - B 140) erzeugt wird und *"ganz zufällig ist"* (B 140). Aber wie vorher schon mehrmals behandelt wurde, wird die angeblich objektive Gültigkeit der synthetischen Einheit von

---

[74] Nach Emanuele Cafagnas Interpretation besteht die Endlichkeit des menschlichen Wissens allein in der Reflexivität des Bewusstseinsakts selbst, denn der Gegensatz zwischen dem Dasein und dem Bewusstsein ist in Hegels Augen für nichtig zu halten. S. Emanuele Cafagna, „Wie sind synthetische Urteile a priori möglich", S. 125 – S 131

Kant nicht nachgewiesen. Die objektive Gültigkeit derselben muss weiter im System der Schlüsse gesucht werden, in dem eine jede Einheit die *causa sui* oder der Hegelsche Begriff ist.

4.5.2 Das wahrhafte Vernünftige bei Hegel

Hegel zufolge ist der Begriff die Einheit von Besonderheit und Allgemeinheit. Die Besonderheit und Allgemeinheit in ihrer niedrigsten Potenz entsprechen in Kantscher Philosophie jeweils dem unverbundenen Mannigfaltigen von gegebenen Vorstellungen und der leeren Selbstidentität des Ichs. Hegel lobt Kant dafür, dass er *„die Abstraktion des Ich oder verständige Identität selbst von dem wahren Ich als absoluter, ursprünglich synthetischer Identität als dem Prinzip unterscheidet"* (JS, S. 307). Dass die Allgemeinheit aus der leeren Identität herausgeht und in Form der synthetischen Einheit erscheint, ist also der erste Entwicklungsschritt zum Begriff, der von Kant vollendet wird und lobenswert ist. Aber der Hegelsche Begriff als solcher ist mehr als die unmittelbare Vereinigung von Besonderheit und Allgemeinheit. Die Kantsche synthetische Einheit als solche einfache Vereinigung ist nichts anders als ein besonderes Allgemeines und daher selbst als ein Besonderes dem Besonderen entgegengesetzt. Dazu schreibt Hegel, dass die synthetische Einheit *„die Differenz so verbindet, dass sie zugleich außerhalb derselben in relativem Gegensatz ihr gegenübertritt"* (JS, S. 306). Die Differenz ist nämlich in Form der Entgegensetzung von Differenz und Identität erneut aufgetreten.

Dennoch sieht Kant diesen Punkt nicht ein und macht seine synthetische Einheit, die eigentlich nur eine relative Identität ist, fälschlicherweise zur absoluten Identität. Dies hat zur Folge, dass er der Differenz in der empirischen Anschauung, in welche die synthetische Einheit tatsächlich versenkt ist, die Apriorität abspricht und diese allein der synthetischen Einheit zugesteht. Ein Beleg dafür ist, dass er dem Erfahrungsurteil objektive Gültigkeit zuspricht und dem Wahrnehmungsurteil dieselbe abspricht, denn er hält jenes für eine objektive Einheit und daher allein aus der synthetischen Einheit konstruierbar, während er dieses als ein zufälliges Produkt der Assoziation der sinnlichen Vorstellungen ansieht, die nur empirisch fundiert wäre.

Aus dem Standpunkt Hegels gesehen geht Kants Fehler darauf zurück, dass er den Begriff des Begriffs nicht wirklich versteht. Die Einheit von Allgemeinheit und Besonderheit fordert nicht nur, dass man vom Besonderen zum Allgemeinen übergehen kann, sondern man auch diesen Prozess als mit dem entgegengesetzten Prozess identisch setzen kann. D.h., eben dadurch, dass der Prozess der Besonderung stattfindet, ergibt sich der Prozess des Zurückgehens zur Allgemeinheit. Es besteht also aus der dialektischen Sicht eine absolute Identität der beiden anscheinend entgegengesetzten Prozesse, die im Sinne der Auflösung der anscheinenden Gegensätze von Hegel *„Doppelschein"* (Logik, S. 36) genannt wird. Kant hält dagegen an dem absoluten Gegensatz der beiden fest und bezeichnet das eine davon, nämlich die Bewegung zur Allgemeinheit, als apriorisch und das andere, nämlich die Besonderung, als aposteriorisch. Dabei verpasst Kant die wahrhafte Identität[75] und das *„wahrhafte Apriorische"* (JS, S. 309): das Vernünftige, und hat die durch das Ding an sich streng begrenzte Erscheinung, also die *„endliche Erkenntnis für die einzig mögliche erklärt"* (JS, S. 303).

In Hegels Augen ist das Vernünftige die absolute Identität des Seins und des Denkens, oder des Besonderen und des Allgemeinen (s. 304), d.h. der Begriff selbst. Der Begriff *„stellt sich aber im Urteil nicht, sondern im Schluss dar; im Urteil ist sie nur die Kopula ‚Ist', ein Bewusstloses, und das Urteil selbst ist nur die überwiegende Erscheinung der Differenz"* (JS, S. 307). D.h., auf der Ebene des Urteils herrscht überwiegend die Differenz, die zwischen der relativen Identität und der relativen Differenz besteht. Die höchstmögliche Potenz der Vernunft in der Phase des empirischen Denkens gilt Hegel zufolge die Einbildungskraft. Denn sie ist das, was der relativen Identität und der relativen Differenz gemeinsam zugrunde liegt. Um dies zu verstehen, braucht man sich nur daran zu erinnern, wie das Bewusstsein der synthetischen Einheit, das tatsächlich die Einbildungskraft ist, einerseits für die mannigfaltigen analytischen Einheiten im empirischen Bewusstsein, d.i. Differenzen, sorgt, andererseits zugleich die synthetische Einheit, d.i. die relative Identität, zustande bringt. Als Beleg gilt folgendes Zitat aus Hegel, das sehr deutlich geäußert ist: *„Indem aber das Ansich in der Potenz der Einbildungskraft aufgestellt, aber die Duplizität derselben als eine reflektierte Duplizität, nämlich als Urteil, ebenso die Identität derselben als Verstand und Kategorie, also als eine gleichfalls reflektierte und relative aufgefasst worden ist, so muss auch die absolute Identität der relativen, als Allgemeines oder als Kategorie fixierten Identität und der relativen Duplizität des Allgemeinen und des Besonderen reflektiert und als Vernunft erkannt werden"* (JS, S. 309). Obwohl die Einbildungskraft in der absoluten Differenz zwischen der Differenz und Identität versenkt ist und die Philosophie mithilfe von ihnen allein *„vom Urteil nicht bis zum apriorischen Schluss"* (JS, S. 309) geht, ist die erst durch die Einbildungskraft zu gewährleistende relative Identität der Gegensätze, nämlich des Besonderen und des Allgemeinen, doch für den Begriff unentbehrlich.

Das am Ende des dritten Teils dieser Abhandlung erwähnte Problem des Wahrnehmungsurteils verweist gerade auf den hier behandelten Charakter der Einbildungskraft: Einerseits erscheint das Wahrnehmungsurteil als Verbindung von einzelnen Wahrnehmungen, die auf die relative Identität zurückzuführen ist und dadurch ein Urteil ausmacht, andererseits versenkt sich das Wahrnehmungsurteil selbst so in die Differenz, dass seine Notwendigkeit nicht als apriorischer Schluss aufgezeigt werden kann und

---

[75] S. Sally Sedgwick: „Subjectivity as Part of an Original Identity", in: Hegel's Critique of Kant. From Dichotomy to Identity, Oxford, 2012, S. 128 – S 162

anscheinend bloß subjektiv gilt. Im Sinne davon, dass die Einbildungskraft tatsächlich die Vernunft ist und der relativen Identität zugrunde liegt, ist jedes Wahrnehmungsurteil **an sich** apriorischer Schluss und ein objektiv gültiges Erfahrungsurteil im Sinne Kants. Aber da die Vernunft in der Phase des empirischen Bewusstseins nur als Einbildungskraft erscheint, können auch alle Urteile nur als Wahrnehmungsurteile erscheinen, die im Sinne Kants bloß subjektiv gültig sind.

Im Gegensatz dazu ist bei Kant die synthetische Einheit absolut gesetzt, so dass nur die Allgemeinheit als apriorisch anerkannt wird und das Besondere immer als Empirisches vom Kant im Bereich der Zufälligkeit vertrieben. Das hat zufolge, dass die Einbildungskraft in der Kantschen Philosophie zugunsten einer absoluten Entgegensetzung einseitig herabgesetzt zum Verstand, indem *„die Kategorien als die bestimmten Formen der erfahrenden Einbildungskraft unter der Form des Unendlichen gesetzt und als Begriffe fixiert werden"* (JS, S. 308). Hegel hat Recht, denn die Einbildungskraft wird von Kant insofern nur als die Mittel zur Bewerkstelligung der notwendigen Einheit des Verstands angesehen, als sie die produktive Einbildungskraft heißt. Kant zufolge bringen wir erst vermittels der produktiven Einbildungskraft das *„Mannigfaltige der Anschauung"* mit der Bedingung der *„notwendigen Einheit der reinen Apperzeption"* in Verbindung[76].

Diese Position Kants bringt Schwierigkeit mit sich, denn eine bloß zwischen Beiden vermittelnde Einbildungskraft ist zugleich wie ein schwebendes Gespenst. Man gewinnt damit den Eindruck, als ob man die Einbildungskraft danach, was sie an sich ist, von ihrem Gebrauch dienlich des Verstandes unterscheiden könnte. So finden wir bei Kant folgende seltsame Beschreibung der Einbildungskraft: Sie sei einerseits eine der subjektiven Erkenntnisquellen und gehört selbst zur Sinnlichkeit, andererseits ist *„sofern aber doch ihre Synthesis eine Ausübung der Spontaneität, ... so ist die Einbildungskraft ein Vermögen, die Sinnlichkeit a priori zu bestimmen, und ihre Synthesis der Anschauungen... muss die transzendentale Synthesis der Einbildungskraft sein, welches eine Wirkung des Verstandes auf die Sinnlichkeit und die erste Anwendung desselben... auf Gegenstände der uns möglichen Anschauung ist"* (B 152). Man könnte dann fragen: Was für eine sonstige Funktion könnte die subjektive Einbildungskraft an sich leisten, wenn ihre Synthesis-Funktion auf der Wirkung des Verstandes angewiesen und nicht von sich geleistet ist? Dazu hat Kant niemals eine Antwort gegeben. Kant wird sich dessen nicht bewusst, dass die synthetische Einheit allein der Einbildungskraft selber zu verdanken ist, die als solche bereits die Vernunft in ihrer niedrigen Potenz ist, anstatt, dass die gleichsam eigenständige Einbildungskraft dem Ver-

---

[76] S. Rudolf Eisler: Kant-Lexikon, 2. Auflage, 2015, unter dem Eintrag „Einbildungskraft".

stand in der Hervorbringung der synthetischen Einheit irgendwie dient, indem sie der äußerlichen Regelung des Verstandes unterläge.

Insgesamt wird Hegel zufolge die Einbildungskraft von Kant als „*das Mittelglied, welches zwischen ein existierendes absolutes Subjekt [nämlich den Verstand] und eine absolute existierende Welt [nämlich Ding an sich oder unverbundenes Mannigfaltiges von Empfindungen] erst eingeschoben wird*" behandelt, während sie tatsächlich das ist, „*welches das Erst und Ursprüngliche ist und aus welchem das subjektive Ich sowohl als die objektive Welt erst zur notwendig zweiteiligen Erscheinung und Produkt sich trennen*" (JS, S. 308). Eben von dem Missverständnis zu der Einbildungskraft ausgehend, dass sie bloß eine Mittelstelle zwischen Verstand und Anschauung einnimmt, sieht sich Kant darin versichert, eine Dichotomie anzunehmen, die gerade eine zwischen dem Verstand und Anschauung ist. Die Kantsche Dichotomie gibt Hegel in einem ironischen Ton wieder, dass „*das Mannigfaltige der Sinnlichkeit, das empirische Bewusstsein als Anschauung und Empfindung an sich, etwas Unverbundenes [ist], die Welt ein in sich Zerfallendes ist, das erst durch die Wohltat des Selbstbewusstseins der verständigen einen objektiven Zusammenhang und Halt, Substantialität, Vielheit und sogar Wirklichkeit und Möglichkeit erhält, - eine objektive Bestimmtheit, welche der Mensch hinsieht und hinauswirft*" (JS, S. 309).

5. Zusammenfassung

5.1 Kants Dichotomie-Problem

Kants Problem der Erfahrung ist im Grund genommen das Problem der Dichotomie: Die reine Anschauung ist das Vermögen des Auseinanderliegens der Vorstellungen, wodurch das Mannigfaltige ein ursprünglich Unverbundenes ist, während der Verstand ein Vermögen der Verbindung ist, die apriorisch bzw. aus Spontaneität fungiert. Die Dichotomie ist bei Kant eigentlich nichts anders als eine Grundannahme, dennoch möchte Kant sie nicht als eine Annahme behandeln, sondern will die Notwendigkeit der Anwendung des Verstandes auf das sinnliche Mannigfaltige nachweisen, zwar durch eine sogenannte transzendentale Deduktion der Kategorien, welche letzteren reine Begriffe des Verstandes und Arten der Verbindung sind. Die so konzipierte Deduktion kann nicht erfolgreich sein, denn aus der logischen Sicht gesehen ist sie auf zwei Hypothesen beruht: 1. die Synthesis des Mannigfaltigen ist die notwendige Bedingung für die Erkenntnis. 2. das Mannigfaltige ist ursprünglich unverbunden. Falls die Anwendung des Verstandes als notwendig nachgewiesen werden soll, dann müssen auch die beiden Hypothesen notwendig gelten. Anders ausgedrückt kann man höchstens behaupten, dass die Anwendung des Verstandes für die Erkenntnis notwendig ist, anstatt, dass sie **schlechthin** notwendig ist. D.h., die Anwendung des Verstandes als eine notwendige Bedingung für die Erkenntnis kann nicht umgekehrt gewährleisten, dass die Erkenntnis notwendigerweise möglich ist. Kants Fehler besteht also in erster Linie darin, den logischen Begriff „die notwendige Bedingung von Etwas" fälschlicherweise für den ontologischen Begriff „notwendig sein" verwechselt zu haben.

Die oben erwähnte erste Hypothese besagt nichts anderes als den Grundsatz der synthetischen Einheit der Apperzeption. Kant betrachtet diese Hypothese als gewiss, die zwei für ihn ebenso selbstverständliche Nachvollziehungsschritte beinhaltet: 1. Jedes empirische Bewusstsein wird von der reinen Apperzeption, nämlich von der Vorstellung der Meineheit des empirischen Bewusstseins notwendig begleitet. 2. Die Apperzeption setzt die synthetische Einheit des Mannigfaltigen der Anschauung notwendigerweise aus. – Also ist die synthetische Einheit des Mannigfaltigen die notwendige Bedingung der Erfahrungserkenntnis. Hegel lobt Kant für die Aufstellung dieses Grundsatzes, denn er habe die Identität als Prinzip richtig zum Ausdruck gebracht. Trotzdem ist Kant die Dichotomie nicht loswerden, denn er sieht nicht ein, dass die synthetische Einheit ein Produkt der Vernunft selbst sei, die außerhalb dieser Identität noch die Differenz als Zwillingsschwester hervorbringt, sondern er setzt die synthetische Einheit absolut, indem er sie als Produkt des ebenfalls absolut gesetzten Verstands und des absolut unverbundenen Mannigfaltigen setzt. Man merkt aus der logischen Hinsicht bei Kants transzendentaler Deduktion also einen unberechtigten Hintergedanken, der die vorher gerade erwähnte Verwechslung noch weiter treibt: Da die synthetische Einheit des Mannigfaltigen für die Möglichkeit der Erkenntnis notwendig sei, was tatsächlich nur im logischen Sinne anstatt in ontologischem Sinne gilt, so müsste es auch ein Vermögen a priori, nämlich den Verstand, geben, der jene Einheit *realiter* zustande bringt, was dann der synthetischen Einheit ontologische Notwendigkeit verleiht.

Es geht dabei deshalb um einen Fehler, weil Kant das empirische Bewusstsein und ferner die Erfahrungserkenntnis selbst, nicht wirklich als ontologisch notwendig erwiesen hat und erweisen kann. Man muss darauf achten, dass der allererste Ausgangspunkt der Transzendentalphilosophie Kants tatsächlich die **mögliche** Erfahrungserkenntnis statt der notwendig möglichen Erkenntnis ist. Dass die Sonne den Stein erwärme, ist gerade eine solch notwendig mögliche Erkenntnis, statt einer bloß möglichen, d.i. kontingenten. Die transzendentale Deduktion Kants darf aber nur als eine Analyse der für das **mögliche** Vorliegen der Erkenntnis notwendigen Bedingungen angesehen werden. Ohne eine letzte ontologische Begründung der Erfahrungserkenntnis durchzuführen, kann die synthetische Einheit niemals wirklich in dem von Kant implizit behaupteten ontologischen Sinne, dass sie auch als *causa essendi* dem Faktum des Selbstbewusstseins zugrundliegt, notwendig sein. Das bedeutet, dass Kant müsste das Faktum des Selbstbewusstseins als Inzidenz für die notwendige Möglichkeit der Erkenntnis bzw. die objektive Gültigkeit derselben deuten können. Kant ist sich wohl der Problematik bewusst und will eigenwillig durch die transzendentale Deduktion die objektive Gültigkeit der Erfahrungsurteile nachweisen. Dennoch gerät Kant dabei in einem Fehlschluss: er geht davon aus, dass A die notwendige Bedingung von B sei. D.h., falls B notwendig ist, dann ist ebenfalls A notwendig. Nun setzt er aber gerade A als notwendig (in Kants Fall werden ein reiner Verstand und seine notwendigerweise fungierende apriorische Synthetisierung gesetzt), in der Hoffnung, dass er dabei B, und folglich wiederum A selbst als notwendig erweisen kann.

Aufgrund der Kantschen Dichotomie der Sinnlichkeit und des Denkens sind eigentlich weder Nachweise der objektiven Gültigkeit der bloß möglichen Erfahrungserkenntnis noch eine ontische Absicherung des Faktums des Selbstbewusstseins möglich, denn die Dichotomie bestreitet unmittelbar jede Möglichkeit, dass es notwendig mögliche bzw. wahre Erkenntnis gebe, die Kant selber zufolge in der Übereinstimmung der Erkenntnis mit der Anschauung besteht, welche letztere aber ursprünglich das Unverbundene ist. Unter der Voraussetzung der Dichotomie kann man weder wissen, wie eine wahrheitsgemäße Zusammenarbeit vom Verstand und unverbundenen Mannigfaltigen aussehen soll, noch feststellen, ob die unbestimmte synthetische Einheit des Mannigfaltigen in der Anschauung mit den analytischen Einheiten im empirischen Bewusstsein in irgendeinem Sinne übereinstimmt. Ohne von der Realität eines absolut wahren Wissens auszugehen, kann von der notwendigen Möglichkeit bzw. objektiven Gültigkeit der Erfahrungserkenntnis keine Rede sein. Für die Kantsche Aufgabe der Rechtfertigung der objektiven Geltung der Erfahrungserkenntnis ist eher der Hegelsche absolute Idealismus geeigneter.

5.2 Der Hegelsche Begriff als Lösung zum Kantschen Erfahrungsproblem

Hegels Lösung des Kantschen Erfahrungsproblems lautet die *Begriffslogik*. Der Begriff des Begriffs ist in dem Sinne ein antikantsches Konzept, dass der einzelne Begriff die Zurückweisung der Dichotomie der Sinnlichkeit und des Denkens bedeutet. Die Anschauung und das Denken sollten Hegel zufolge jeweils als miteinander untrennbare Begriffsmomente der Besonderheit und der Allgemeinheit verstanden werden, wobei jede einzelne Wahrnehmung ein einzelner Begriff darstellt, der zugleich ein Urteil und ein Schluss ist.

Jeder Begriff ist notwendigerweise ein Urteil, denn ein einzelner Begriff ist notwendigerweise ein besonderer Begriff, der als solcher in die Differenz zwischen den Besonderen versenkt ist und eben dadurch eigene Bestimmung erhält. Es ist also eine notwendige Bedingung der Erfahrungserkenntnis, dass in der Anschauung ein Mannigfaltiges von einzelnen Wahrnehmungen bereits besteht und miteinander in Zusammenhang steht. Ihre Verhältnisse und Unterscheidung zueinander liegen der Bestimmung der einzelnen Erfahrungsurteile zugrunde. Es ist nicht, wie Kant denkt, dass das Erfahrungsurteil, als Prädikation von einem Objekt, allein aus der Bestimmung des ursprünglich unbestimmten Mannigfaltigen durch den Verstand entsteht und die einzelnen Gegenstände in der Anschauung bzw. ihre einzelnen (empirischen) Wahrnehmungen eine nachträgliche Konstitution sind. Was aus der Bestimmung des unverbundenen Mannigfaltigen durch den Verstand entsteht, ist die Kantsche synthetische Einheit, die als solche die isoliert betrachtete Allgemeinheit darstellt und somit keine Wahrheit hat. D.h., das Allgemeine, ohne selbst schon ein Besonderes zu sein, kann auch unmöglich einen besonderen oder einzelnen Begriff ergeben. Kant hat die Wahrheit der Erkenntnis verunmöglicht, indem er durch das absolute Setzen des Verstandes zugleich die Allgemeinheit absolut setzt und eben dadurch die absolute Entgegensetzung zwischen Allgemeinem und Besonderem absolut gesetzt, so dass er von der wahrhaften Identität der Allgemeinheit und Besonderheit, worin die Wahrheit besteht, absieht.

Aus diesem Grund soll die erste Korrektur an dem Kantschen theoretischen Rahmen darin bestehen, dass der Verstand, der angeblich allein a priori bestimmend ist, **verbannt** wird[77]. Dementsprechend würde in der Anschauung schon ein Mannigfaltiges von **einzelnen** Wahrnehmungen, anstatt eines unverbundenen Mannigfaltigen, herrschen. D.h., die Verbundenheit ist ein immanentes Moment der Anschauung und braucht nicht erst durch den Verstand im Nachhinein in die Anschauung hineingeworfen zu werden. Das Denken in diesem Szenarium erfüllt eine Rolle wie die des empirischen Denkens: Es fördert die in der Anschauung bereits vorhandene Bestimmungen quasi analytisch bzw. reflektierend zutage. Damit wird das Wahrheitsproblem der Erkenntnis in dem Sinne gelöst, dass die Erkenntnis eines Gegenstands und dessen Anschauung jeweils als Einzelheitsmoment und Besonderheitsmoment betrachtet und in einem einzelnen Begriff, d.i. in einem Schluss vereinigt werden: Das Erfahrungsurteil ist in diesem Sinne nichts anders als die Manifestation des Allgemeinen im Besonderen. Aus dem Besonderen wird nun das Allgemeine. Oder anders formuliert: die analytische Einheit in empirischem Bewusstsein (d.i. das Einzelne) ist als solche in ihrer Gemeinschaft, d.i. einem Mannigfaltigen von analytisch-synthetischen Einheit (d.i. Einheit von Allgemeinem und Besonderem) enthalten.

Es ist hier sinnvoll, auch im Geist Kants anzumerken, dass es jedenfalls nicht ausreicht, ein Mannigfaltiges von einzelnen Wahrnehmungen auf der Seite der Anschauung und ein bloß abstrahierendes Denken auf der Seite des Denkens zu setzen. Denn damit wird eigentlich im Gegenzug zu Kant das Besondere absolut gesetzt, dem das Allgemeine unterworfen ist. Es geht bei der Abstraktion dann lediglich darum, das Besondere in unmittelbarer Identität zum Allgemeinen zu verallgemeinern. Um als ein Begriff zu gelten, der *causa sui* ist, muss sich das Besondere als von Allgemeinen durchgedrungen erweisen, sodass die unmittelbare Verallgemeinerung endlich als Selbstsetzung des Allgemeinen aufgezeigt werden kann. Dementsprechend muss die analytische Einheit selber stets als synthetische Einheit gelten. Die Erzeugung der analytischen Einheit gilt daher als ein Prozess der Schließung bzw. die Setzung des Besonderen gilt als eine durch das Allgemeine vermittelte Selbstsetzung. Dadurch wird eine notwendige Einheit von Allgemeinheit und Besonderheit, also der einzelne Begriff selbst in ontologischem Sinne sichergestellt.

---

[77] Vgl. Rolf-Peter Horstmann: Die Grenze der Vernunft. Eine Untersuchung zu Zielen und Motiven des Deutschen Idealismus, Klosterman, Frankfurt am Main, 3. Auflage, 2004, S. 123-142. Der Autor hat, in Übereistimmung mit meiner Ausführung, das betroffene Kapitel seines Buchs sehr genau mit „Hegels Konzeption von Rationalität – die Verbannung des Verstandes aus dem Reich der Wahrheit" betitelt.

Um oben genannte Position noch einmal zu resümieren: Nur dadurch, dass die synthetische Einheit selbst als ontologisch notwendig nachgewiesen wird, kann das Bewusstsein derselben, nämlich die empirische Erkenntnis, als **wahre** Erkenntnis gelten. Das fordert die Voraussetzung des Besonderen auf und bezieht für die Erkenntnis in erster Linie die Reflexion ein. Das ist eine wesentlich Nicht-Kantsche Position.

Aber noch ein Rückgriff auf Kants Position muss vorgenommen werden, um die wahre Erkenntnis auch als **objektiv gültig** zu qualifizieren: das Denken darf nicht als bloß reflektierend gelten, sondern es muss auch synthetisierend sein, denn die Einzelheit darf doch nicht bloß gesetzt werden – als solche wäre sie immer das Besondere –, sondern sie muss als notwendiges Produkt des Denkens entpuppt werden bzw. muss zur Allgemeinheit zurückkehren. Genau darin besteht der Kantsche Standpunkt und sein Verdienst nach Hegels Meinung. Aber das darf keinen vollständigen Rückfall zu Kants Position bedeuten. Bei Kant leistet das Denke wesentlich nur die Synthesis. Das Denken, das sowohl synthetisierend ist als auch reflektierend ist, heißt in Hegels Sinne die Schließung. Ihm folgend muss sich die Synthesis als Schließung und die analytische Einheit sich als analytisch-synthetische Einheit, d.i. in die Schließung eingehendes Urteil verstehen. Die Schließung beinhaltet zwei Sinnesebenen:

Was in einer Schließung synthetisiert wird, ist zunächst kein Unverbundenes wie bei Kant, sondern die Besonderen qua analytische Einheiten. Die Erfassung des Mannigfaltigen der analytischen Einheiten im Bewusstsein kann damit entlarvt werden als die Manifestation der Besonderheit mithilfe des besonderen Allgemeinen. Auf dieser Ebene herrscht Hegel zufolge überwiegend das Besondere oder die Differenz.

Zweitens ist die Schließung dafür konzipiert, aus bereits vorhandenen Urteilen ein neues zu folgern. Die Schließung operiert also immer auf der Ebene der einzelnen Urteile. Was in einer Schließung als Prämisse eingehen und daraus gefolgert wird, sind alle Urteile. Also ist das Bewusstsein, woraus Urteile hervorgehen können, keine neben der Synthesis zu stellende Funktion des Subjekts, sondern es gehört ebenfalls zur Schließung. Auf dieser Ebene sind alle in der Schließung beteiligten Einheiten selbstverständlich synthetische Einheiten, d.i. Urteile.

Dem Schein, dass das Bewusstsein der synthetischen Einheit einerseits ein Mannigfaltiges von analytischen Einheiten ergibt und diese analytischen Einheiten andererseits als Synthesis in einzelnem Erfahrungsurteil zum Ausdruck kommen können, liegt die Tatsache zugrunde, dass es immer um Schließung geht und die analytisch-synthetischen Einheiten allein dabei eine Rolle gespielt haben. Also gerade, weil die synthetische Einheit selbst aus dem Bewusstsein erzeugt werden kann, oder, gleichbedeutend, weil die aus dem Bewusstsein entstandenen analytischen Einheiten selbst synthetisch sind, sind einzelne empirische Urteile als Begriffssynthesen erst möglich. Falls man die aus dem Bewusstsein entsprungenen Einheiten allein als analytische Einheiten deuteten, würde man nicht erklären können, wie das empirische Denken doch einzelne empirische Urteile zu fällen fähig ist, die offensichtlich Synthesen aufweisen. Oder man hätte mit Kant manche empirischen Urteile als bloß zufällige Assoziation durch Einbildungskraft zu betrachten[78].

Das Resultat lautet daher zusammenfassend wie folgt: eine jede synthetische Einheit ist zugleich ein Mannigfaltiges von analytischen Einheiten und umgekehrt die analytische Einheit zugleich eine synthetische, weil sie nichts anders als ein einzelner Begriff ist, der die Einheit von Allgemeinheit und Besonderheit darstellt. Der einzelne Begriff kann sich endlich nur in der Schließung und durch die Einbettung im vernünftigen Absoluten, nämlich in der Idee eines unendlichen Systems der Schlüsse, als *causa sui* aufzeigen. Ausschließlich darin liegt die vollständige Lösung des Problems der objektiven Gültigkeit der Erfahrungserkenntnis.

Kant erblickt die Idee dieser Lösung richtig in der Identität vom Allgemeinen und Besonderen, indem er die synthetische Einheit als den obersten Grundsatz aller Erkenntnis aufstellt, dennoch ist er nicht imstande, die Identität als den Begriff, als *causa sui*, oder als Substanz selbst zu betrachten. Die Identität ist bei ihm vielmehr ein Vorausgesetztes, ein jenseits dem selbsttransparentes Bewusstsein Stehendes, das diesem gegenüber ausschließlich als Kontingenz erscheinen. Das ist der Grund, warum Kant die synthetische Einheit ontisch weder erfolgreich fundiert hat noch fundieren kann. Dieser Spaltung liegt die Dichotomie von Besonderem und Allgemeinem, oder Anschauung und Verstand zugrunde, aus deren Zusammenarbeit Kant zufolge das jenseitig des Bewusstseins liegenden Mannigfaltige der Anschauung, nämlich des Dings an sich selbst, doch in rätselhafter Weise durch die Synthesis bewusst gemacht werden könnte.

Die Idee der Kantschen Transzendentalphilosophie besteht in der Identifikation der Identität mit der Apriorität. Was widersprüchlich ist, dass Kant wieder die Identität als notwendige Bedingung der Erfahrung (Aposteriorität) setzt. Damit hört eben die Identität in diesem Sinne auf, apriorisch zu sein[79]. Was die notwendige Bedingung der Erfahrung (des Besonderen) ist, ist zwar ein Allgemeines, aber kann in diesem Sinne eben nur ein besonderes Allgemeines, das noch keine wahrhafte Identität und somit keine

---

[78] Hieran lässt sich Emanuele Cafagnas von der Hegelschen Begriffslehre ausgehende Kritik an Kants Urteilslehre verknüpfen, S. Emanuele Cafagna, „Wie sind synthetische Urteile a priori möglich?" S. 125 – S. 131

[79] Vgl. David Barteczko, „Hegels Antwort auf das kantische Verhältnis von Anschauung und Denken", S. 281 – S. 285, leitend für die Kritik des Autors an Kants Dichotomie von Sinnlichkeit und Denken lautet die von ihm genannte Frage: „Wenn aber das Denken für sich genommen nicht unbedingt ist, weil es durch die Anschauung bedingt ist, stellt sich dann die Frage, was überhaupt noch das Apriorische oder Unbedingte genannt werden könne."

wahrhafte Apriorität (d.i. keine Notwendigkeit) ist. Hegel setzt die Transzendentalphilosophie Kants in dem Sinne fort, dass er zusätzlich die transzendentalartige Frage aufstellt, wie die von Kant aufgefundenen Bedingungen der Möglichkeit der Erfahrung selber möglich seien[80]. In seiner Begriffslehre liegt die Antwort: das Empirische (die Besonderheit) ist auch die notwendige Bedingung der Kantschen Apriorität (des besonderen Allgemeinen). Die Thematik von Hegels *Begriffslogik* kann daher in der Fragestellung geäußert werden: wie ist die Erfahrung nicht bloß möglich, sondern vielmehr notwendig möglich? Oder, was ist die notwendige **und die hinreichende Bedingung** für die Erfahrung? Die Antwort lautet eindeutig: die wahrhafte Apriorität, nämlich die wahrhafte Identität von Besonderheit und Allgemeinheit in dem einzelnen Begriff. Die Erfahrung soll sich endlich als eine Manifestation der *causa sui* oder als die Selbstmanifestation des einzelnen Begriffs entpuppen.

---

[80] Dass Hegel in dem Sinne Kants Philosophie forttreibt, dass er den Dogmatismus grundsätzlicher als Kant ablehnt, so dass er sogar Kants Lehre als Dogmatismus vorhält und den Kantschen transzendentalen Standpunkt in seiner *Begriffslogik* aufhebt, s. Stephen Houlgate: „Hegel's critique of Kant", in: Hegels Antwort auf Kant, S. 24-32, insbesondere S. 31-32

Benutzte Literaturen (Literaturen außerhalb der Werke Kants und Hegels):

Birrer, Mathias: Kant und die Heterogenität der Erkenntnisquellen, de Gruyter, Berlin, 2017

Barteczko, David: „Hegels Antwort auf das kantische Verhältnis von Anschauung und Denken", in: Hegels Antwort auf Kant, hrsg. von Andreas Arndt, Brady Bowman, u.a., De Gruyter, Berlin, 2017

Cafagna, Emanuele: „Wie sind synthetische Urteile a priori möglich?", in: Hegels Antwort auf Kant, hrsg. von Andreas Arndt, Brady Bowman, u.a., De Gruyter, Berlin, 2017

Eisler, Rudolf: Kant-Lexikon, Hildesheim, Auflage 2, 2015

Fazio, Sophia Maddalena: „Ist Hegels Kritik am Objektivitätsanspruch der kantischen Kategorien gerechtfertigt?", in: Hegels Antwort auf Kant, De Gruyter, Berlin, 2017

Fulda, Hans Friedrich: „Spekulative Logik als ‚die eigentliche Metaphysik'. Zu Hegels Verwandlung des neuzeitlichen Metaphysikverständnisses", in: Hegels Transformation der Metaphysik, hrsg. von Detlev Pätzold, u.a., Köln, 1991

Fulda, Hans Friedrich: G. W. F. Hegel, Verlag C. H. Beck, München, 2003

Ginsborg, Hannah: „Lawfulness without a law", in: Philosophical Topics 25, 1997

Golz, Walter: Kants „Kritik der reinen Vernunft" im Klartext, UTB, Tübingen, 2. Auflage, 2008

Greuter, Beat: „Der Mythos des Gegebenen – Vernunft und Welt bei Kant und Hegel in der Perspektive der jüngeren analytischen Philosophie bei John Mcdowell und Robert B. Brandom", in: Hegels Antwort auf Kant, hrsg. von Andreas Arndt, Brady Bowman, u.a., De Gruyter, Berlin, 2017

Hawking, Stephen: Der große Entwurf. Eine neue Erklärung des Universums, Rowohlt, 2010

Henrich, Dieter: Identität und Objektivität, Heidelberg, 1976

Henrich, Dieter: „Die Beweisstruktur von Kants transzendentaler Deduktion", in: Prauss, G. (Hrsg.): Kann. Zur Deutung seiner Theorie vom Erkennen und Handeln, Köln, 1973, S. 90-104

Hiltscher, Reinhard: Einführung in die Philosophie des deutschen Idealismus, Darmstadt, 2015

Hiltscher, Reinhard: „Deutscher Idealismus", in: Philosophie. Disziplin. Kompetenzen, hrsg. von Peggy H.Breitenstein und Johannes Rohbeck, Stuttgart, 2011

Hoppe, Hansgeorg: Synthesis bei Kant. Das Problem der Verbindung von Vorstellungen und ihrerGegenstandsbeziehung in der „Kritik der reinen Vernunft", de Gruyter, Berlin, 1983

Horstmann, Rolf-Peter: Die Grenze der Vernunft. Eine Untersuchung zu Zielen und Motiven des DeutschenIdealismus, Klosterman, Frankfurt am Main, 3. Auflage, 2004

Houlgate, Stephen: „Hegel's critique of Kant", in: Hegels Antwort auf Kant, hrsg. von Andreas Arndt, BradyBowman, u.a., De Gruyter, Berlin, 2017

Hume, David: Ein Traktat über die menschliche Natur, Felix Meiner Verlag, Hamburg, 2013

Kienzle, Betram: „Primäre und sekundäre Qualitäten bei John Locke", in: Studia Leibniziana 21(1), 1989

Koch, Anton Friedrich: „Kants Kritik des Sinnesdatenatomismus im zweiten Teil der B - Deduktion", in: primaphilosophia 5, 1992,

Koch, Anton Friedrich: „Kants transzendentale Deduktion aus der Perspektive der Wissenschaft der Logik",in: Hegels Antwort auf Kant, hrsg. von Andreas Arndt, Brady Bowman, u.a., De Gruyter, Berlin, 2017

Koch, Anton Friedrich: Evolution des logischen Raumes. Aufsätze zu Hegels Nichtstandard-Metaphysik, Mohr Siebeck, Tübingen, 2014

Koch, Anton Friedrich: Wahrheit, Zeit und Freiheit. zweite Auflage, mentis Verlag, Münster, 2013

Königshausen, Johann Heinrich: Kants Theorie des Denkens, Armsterdam, 1976

Kühnen, Stefan: „Kant und Hegel über Wahrnehmung", in: Hegels Antwort auf Kant, hrsg. von Andreas Arndt,Brady Bowman, u.a., De Gruyter, Berlin, 2017

Longuenesse, Beatrice: „Judgement, community and the Third Analogy", in: Kant on the human standpoint,Cambridge, 2005

Longuenesse, Beatrice: Kant and the capacity to judge, Princeton, 1998

Mcdowell, John: „Hegels Idealismus als Radikalisierung Kants", in: Die Welt im Blick. Aufsätze zu Kant, Hegelund Sellars, Suhrkamp Verlag, Berlin, 2015

Martin, Christian Georg: Ontologie der Selbstbestimmung, Tübingen, 2012

Noonan, Harold W.: Hume on knowledge, London, 1999

Plaass, Peter: Kants Theorie der Naturwissenschaft, Göttingen, 1965

Sedgwick, Sally: „Introduction to Hegel's Critique. Intuitive versus Discursive Forms of Understanding inKant's Critique Philosophy", in: Hegel's Critique of Kant. From Dichotomy to Identity, Oxford, 2012

Strawson, Peter F.: Einzelding und logisches Subjekt (Individuals). Ein Beitrag zur deskriptiven Metaphysik, Stuttgart, 1972

SJ, Georg Sans: „Was ist Wahrheit?", in: Hegels Antwort auf Kant, hrsg. von Andreas Arndt, Brady Bowman,u.a., De Gruyter, Berlin, 2017

Timofeev, Alexander: „Das Problem der Anschauung bei Schelling und Hegel", in: Verbum 15, 2015

Vos, Lu De: „Der Begriff und die Einheit der Apperzeption", in: Hegels Antwort auf Kant, hrsg. von AndreasArndt, Brady Bowman, u.a., De Gruyter, Berlin, 2017

Willaschek, Marcus/Stolzenberg, Jürgen/Mohr, Georg/Bacin, Stefano (Hrsg.): Kant Lexikon, Band 1, DeGruyter, Berlin, 2015

Wittgenstein, Ludwig: Tractatus logico-philosophicus, logisch-philosophische Abhandlung, Suhrkamp,Frankfurt am Main, 2013

Zöller, Günter: „Vernunft ohne Verstand ist leer, Verstand ohne Vernunft ist blind", in: Hegels Antwort aufKant, hrsg. von Andreas Arndt, Brady Bowman, u.a., De Gruyter, Berlin, 2017